知らないうちにエクササイズ

日常動作ですっきりボディ！

山岡有美

イラストレーション
角口美絵

草思社

はじめに　生活の質を高めるために……

便利な世の中になり、昔と比べて、身体を動かしたり、歩いたりすることが少なくなりました。じっさい日常動作の運動量（生活活動強度）は変化していると言われます。日常生活が便利になることは、もちろん有難いことなのですが、私たちの健康にとって、いいことばかりではありません。

ラクな暮らしに慣れて、足腰が弱って腰痛を引き起こす。知らないうちに血糖値が高くなる。生活習慣病といわれる高脂血症など、コレステロール値が上がって動脈硬化の要因となり、ある日突然〝心筋梗塞〟を起こしたりします。あるいは、長時間、座りっぱなしでいると、筋肉や関節がこわばり、心身ともに疲れてしまいます。

病気にならないまでも、体重を落としたい、お腹のぜい肉を何とかしたい、たるみを解消したい、このような話はよく耳にします。不思議なことに、これほど便利になれば、自由な時間がそれだけ増えると思うのですが、「スポーツジムに行きたいけれど、忙しい」という声もよく聞きます。

そういう方のために、いつもの動作が、知らないうちにエクササイズになる方法を用意しました。ピラティスとヨガ、呼吸法を組み合わせたものですが、すんなりと無理なく日常動作に取り入れられるものを選びました。

何ごとも動くまでは多くのモティベーション（動機づけ）やエネルギーが必要です。けれど、人間には、一度動き出すと動きつづけるという習性があるようです。大切なのは日々の積み重ね、継続的な意識です。

私がこの本のなかで強調したかったのは、自分自身で生活の質を高めることができるということです。右に曲がるか左に曲がるか、ハンドルを握るのは私たち自身です。少しだけ自分の身体に意識を向けて、日常動作を工夫して、しなやかな強い身体をつくりましょう。洗練されたエレガントな動きを身につけましょう。それはきっと、生活習慣の改善にもつながっていくことでしょう。

知らないうちにエクササイズ●目次●

身体を知って、身体を信じる

日常動作をエクササイズに　実践篇

身体を知って、身体を信じる

もっと身体を動かせば身体は変わる

私たちは皆、自分の身体について、もう少しこうなればと思っていることがあります。百パーセント、自分の身体に満足しているという人はまずいないでしょう。

「体重を落としたい」
「ウエストをしぼりたい」
「二の腕のたるみをなんとかしたい」
「最近お腹がでてきたなあ」
「服のサイズが合わなくなってきた」

いろいろ不満はあるけれど、多くの人は、まあ仕方がないとあきらめたり、それほど深刻に思っているわけではないので、なんとなく現状に折り合いをつけています。

しかし、こうした外見上のちょっとした悩みではなく、ときにはもっと切実な問題もあります。

「すぐに疲れてしまう。もっと体力をつけたい」

「歩くと膝が痛い」

「腰痛や肩こりがひどい」

「測ってみたら骨密度の数値が低かった。将来、骨粗鬆症《こつそしょうしょう》にならないか心配だ」

「体重がこの一年で急激に増えてしまった。病院に行ったら、体重を落とさないと危険だと言われた」

「更年期で気分がめいる。身体もあちこち不調だ」

薬や治療でしか治せないこともありますが、多くの悩み、問題はじつは自分の心がけで改善することができます。しかし、どうやって？

それはエクササイズです。エクササイズというとなにか特別なことに思われるかもしれませんが、身体を動かすこと、身体を正しく使うこと、日常生活の中で運動量を増やすことと言いかえてもかまいません。身体をどんどん動かして、筋肉と骨をきたえ、緊張した筋肉をほぐしてしなやかな身体を保つことなのです。

筋肉と骨をきたえれば、身体はどんどん変化していきます。見た目はもちろん、さまざまな不快感、不調も改善されます。そして、動作やしぐさもキビキビ、イキイキ、潑剌《はつらつ》としてきます。身体的な変化だけではなく、心理的、精神的にも変化を味わうことができ、より行動的でアクティブな毎日を送れるようになります。

しかし、運動やエクササイズの必要性を感じながらもなかなかできない人は大勢いらっしゃるでしょう。人はともすればラクな道を選んでしまいます。

「やりたいけれど、忙しくてなかなか時間がない」

「気おくれしてしまう性格なので、人といっしょに習うのは恥ずかしい……」

「飽き性で、何かを始めてもすぐに飽きてしまう」

「この年になったら、もうどうせ効果はないだろう」

考えてみれば、今の状態でもまあよしと思って、自分やまわりに対してあれこれ言い訳ができるうちはまだ余裕があるのだと思います。もしお医者さんから、「肥満のため健康診断の検査数値に異変がある」「血糖値を下げないと命に関わりますよ」「高脂血症や高血圧が動脈硬化の原因となって、心筋梗塞や脳梗塞を起こす恐れがある」などと言われたら、とても言い訳しているわけにはいきません。明日からといわず、さっそく今日から何とかしようと思うはずです。

健康に関わることではなくても、大好きな人ができた。どうしても痩せてこの洋服を着たい。それが切実な願いであればあるほど、私たちは言い訳などせず、黙々とダイエットに取り組むでしょう。自分自身に対してなにかしらの言い訳をしていられるうちは、まだ本気モードではないのです。

では、どうすれば本気モードにスイッチを切り替えることができるのでしょう。健康面が重大な危機にさらされれば、誰でも意識を変えざるをえませんが、それほどでもない場合、きっかけとなるもの、動機づけとなるものは人それぞれだと思います。なにか刺激を受けること、ときにはショックを受けることも必要ではないでしょうか。

たとえば、同窓会に出席したら、同級生がとても若々しくきれいだった。

「どうしてあの人はあんなに若くてきれいなままなんだろう。昔はお互い似た雰囲気だったのに」

あらためて自分の姿を鏡で見てみると、年相応、いやもしかしたら年齢以上に老け込んではいないだろうか。これではいけない。そう思うでしょう。

あるいは、とくにショックを受けなくても、たとえば私たちは好きな洋服を着ると、それだけで気持ちが明るくなるし、姿勢も自然に背筋が伸びてよくなります。足取りも軽く颯爽と歩くでしょうし、動作やしぐさも美しくなるでしょう。もっとこの服が似合うように、少し身体をしぼってみようかな、そんなふうに考えることもあるかもしれません。

私はオードリー・ヘプバーンが好きで、彼女のファッションにも憧れたものです。自分もあんなふうになってみたいという憧れや目標をもつことも、なかなかいい刺激となります。要は、気持ちよく自分を変えられるもの、体とライフスタイルを変革できるものを見つけることです。今の自分にとって必要なものはなにか。どのような自分になりたいのか。自分を見つめ直してみるといいと思います。

居心地のいいところに安定してしまうのはたしかにラクですが、現状に満足できないときは、自発的に自分を変えていくしかありません。まず行動しないと、なにも変わることはありません。変化は成長です。変化を楽しめるといいですね。

私は弟子を指導するときなど、よく「三つのC」という話をします。三つのCとは、「チャンス」「チャレンジ」「チェンジ」の頭文字を指しています。「チャンスがやってきたとき自分から進んで、勇気をもってチャレンジしてみる。そうすると自分をチェンジすることができる」。そういう意味です。せっかくなにかいいチャンスがあっても、自分で挑戦して行動しなければ、なにも変わりません。

この本がひとつのきっかけ（チャンス）となり、本来の自分自身を取り戻したり、身体とライフスタイルを少し変えるいい機会になればと思います。

スポーツジムに通わなくても大丈夫

今のままではいけない。そう思ったときがチャンスです。自分はなにを求めているのだろう。自分にもできそうな、身体にいいエクササイズを始めようと思い立ったとき、さて、どんなことをしてみようか。本やビデオを買ってみる人もいれば、スポーツジムやカルチャーセンターに通ってみようかと考える人もいます。まず、こうした外で習うレッスンについてお話ししましょう。

私自身、大学をはじめとしてカルチャーセンターやスポーツジムなどで、さまざまな機会に学生や生徒さんに教えていますから、こうしたエクササイズのメリットを十分把握していると思います。

たとえば、毎週どこかに出かけていくのは、それだけでも生活にリズムが生まれ、メリハリがつきます。外に出かけることがきっかけとなり、知らない人と知り合ったり仲良くなったりする。それによって人間関係の幅も広がります。何歳になっても同じ趣味を通じて、気の合うお友達が見つかるのは楽しいものです。

また、指導者に習うということは、我流に陥らないですみ、わからないことを質問することもできます。たとえば、頭ではわかってできているつもりでも、肩に力が入りすぎているとか、知らないうちに呼吸をとめておこなっていたとか、自分で気がつかないところを直してもらうことができます。また、

「自分だけがうまくできないわけじゃない」

「太っていて恥ずかしいと思っていたけれど、他の人も痩せるためにがんばっているんだ」

とわかって安心する場合もあるでしょうし、他の人、とくに自分より高齢の方ががんばっているのを目の前で見れば、それだけで励みになるでしょう。

しかし、すべての人が外に出かけてエクササイズを習うべきだとは、私は考えていません。忙しくてとてもそんな時間がとれない人、人といっしょに習うのはどうしても気後れしてしまってダメな人、それぞれ皆さん、さまざまな事情や理由をお持ちでしょう。

それに、エクササイズは指導者に習わないとできないかというと、けっしてそんなことはありません。コツさえわかればひとりでも十分おこなえるものなのです。

そもそもカルチャーセンターやジムで、週に一度か二度のレッスンを受けていても、そ

れで満足したり安心したりしていてはいけないのです。1週間は24×7で168時間。エクササイズのレッスンは一回1時間とか、せいぜい1時間半。二回レッスンを受けても、3時間ほどにしかなりません。スポーツジムに行ったからといって、それでよしと、終わったとたんにビールをジョッキで一杯、ふだんは暴飲暴食。あるいはレッスン以外の大半の時間を、家でゴロンと横になり、テレビを見ながらデレーッと過ごしていたのでは意味がありません。

エクササイズをすることも大切ですが、残りの165時間をどんなふうに過ごすか、どのような生活を送るか、こちらのほうがむしろ重要なのです。

・歩ける距離なのに、すぐにタクシーに乗る。
・駅や会社ではいつも階段ではなく、エスカレーターを利用する。
・通勤電車の中で空いている席にすばやく坐りこむ。
・出張先の宿泊ホテルで夜はいつもビールを飲んで寝てしまう。
・家で家事が一段落すると、昼寝をするのが日課になっている。
・子どもといっしょに、おやつを食べるのが楽しみ。
・夜更かしが多く、つい夜食を食べてしまう。

・近くのスーパーマーケットに行くときも、荷物が重いからと車で行く。
・食器洗い機や衣類乾燥機など、便利な家電につい頼ってしまう。
・なんとはなしにテレビをつけっぱなしで見ている。
・ふだんは仕事が忙しいので、週末は家でゴロゴロしている。

ここに挙げたことはほんの一例ですが、いったい自分は毎日をどんなふうに過ごしているのだろうと、一日の行動や生活動作を振り返ってみることもときには必要です。そして、ふだんの生活をどんなふうにしたいのか。身体のためになにかできることはないだろうか。たとえば、楽しみにしているテレビ番組を見ながらも、なにか簡単なエクササイズができないだろうか。そんなふうに、考えてやってみる。

ちょっとした心がけで、生活の中の運動量は変化します。ライフスタイルを少しずつ見直し変えていけば、特別なエクササイズの時間はかならずしも必要ではなくなります。

健康グッズやマシンを買う必要もない

「毎週レッスンに通う時間はなかなかとれないから、毎日、自分でできることをなにかやってみよう」

そう思い立ったら、あなたはどうされますか。本屋さんでまず本を探してみる人も多いでしょう。この本を今読んでくださっている方もきっとそうですね。

ほかにも、健康グッズや家庭用マシンなど、今はさまざまな種類のものが売られていま す。テレビでたまに夜中など、ショッピング専門チャンネルを見ることがあります。すると、腹筋運動を補助するマシン、両脚でペダルを交互に踏んで全身運動になるマシンなど、毎日毎日宣伝しています。ウエストのくっきりくびれた美女と腹筋が六つに割れたたくましい男性が出てきて、そのマシンを楽しそうに、そしてとてもラクそうに使っています。何度もそのマシンを見ていると、だんだん、

「これがあると痩せられそうだ。買ってみようかな」

そんな気持ちにさせられてしまうから不思議です。いや、私はこの手のマシンをほしいと思うことはさすがにありませんが、「自動大根おろし器」を見たときは、これは便利そうだなあと感心しました。

私が教えている生徒さんたちと話をしていると、じつはいろいろなものをテレビのショッピング番組で買ったことがあるとおっしゃいます。その中にはもちろん、健康グッズ、マシンもあるそうです。

ところがです。

「テレビではモデルさんがとてもラクそうにやっているのに、自分で実際にやってみると、予想以上にきついんですよ」

なるほど。考えてみれば、宣伝するときに「いかにもきつい運動」という顔をしてエクササイズをしていては、商品は売れるはずがありません。おまけに、同じ運動ばかり毎日するのは飽きてくるそうです。こうしてだんだん、せっかく購入したそのマシンと疎遠になってしまう……。

結局そのマシンは使わなくなって、家族の非難を浴びながら、部屋の片隅でホコリをかぶっているとか、鞄をかけるラックの代わりになってしまったとか、そんな話をよく聞きます。

それなのに、人間の心理はおもしろいものです。新しいマシンのCMを見ると、また買いたくなってしまう。今度のマシンは前のより楽しくできそうだし、きっと効果があるんじゃないかな？　思いきって買おうかな……。

きっと多くの方が似たような経験をされたことがあるのではないでしょうか。

もうひとつ、これはおもに女性向けでしょうが、補正下着も人気です。手っ取り早くスタイルをよくしてくれるので、なかには薦められるままに、何十万円もする高価なものをセットで買ってしまったという人もいます。

たしかに、これは便利です。たとえば、お友達の結婚式があるので、どうしてもこの洋服を着たい。こんなときに強力な補正下着を身につければ、その洋服が着られるということがあるでしょう。ただ、これはあくまでも応急処置というか、緊急時用と考えたほうがいいものです。

ガードルやブラジャー、ボディスーツなど補正下着もいろいろな種類がありますが、あまり締めつけるものを身につけているのは、ときには健康を損ないかねません。こんなことがありました。

毎年、韓国、中国、日本でフィットネスの交流をおこなっていますが、数年前、中国に交流のために行ったときです。

帰国前日、私たち一行は広州から香港まで飲茶《ヤムチャ》に出かけました。エアロビクスの模範演技をおこなった男の子のお母さんも同行されていたのですが、香港からの帰りの列車の中で具合が悪くなり、広州に着いて救急車を呼びました。言葉のわからないところで病院に連れていかれるのは不安だろうと、私も同行して救急車に乗り込みました。救急車に乗ったのはこれが生まれて初めてです。しかも中国で。

ともかく病院に着いて、ベッドに運ばれました。いかにも辛そうで、私は背中や腰を一所懸命さすっていたのですが、見ると、その彼女はきついガードルをはいていました。私はすぐに、あっこれが原因だと思いました。列車の中はガンガン冷房が効いていたのに彼女はTシャツ姿で身体が冷えたのもよくなかったのでしょうが、こんなにお腹を締めつけていたのでは、食べた物が胃から下に下りていきません。

「これ脱いだほうがいいですね」

そうはいっても、彼女は真っ青なまま唸《うな》っていて、とても自分で脱げそうにありません。結局、私がそのガードルを脱がせたのですが、そのきついこと。下着を脱がせたことも、救急車に乗ったことも今では笑い話ですが、ともかくそのときは必死でした。数時間点滴を受けて、その日の夜遅くなんとか退院、次の日にみんなといっしょに帰国できたのですが、ともかく、締めつけすぎると血行も悪くなるし、消化や吸収にも影響を与えかねません。

補正下着はあくまでも特別な日のためのおしゃれ用、緊急用ということで、ふだんは自分の筋肉をきたえ、自前のガードルをつくりましょう。筋肉のガードルは、血行が悪くなったり、消化不良を起こしたりすることはありません。

便利な生活をしていると筋力は衰える？

少し前になりますが、新聞の生活欄でおもしろい見出しを見かけました。「掃除、洗い物意外に筋肉労働」（『読売新聞』２００4年11月21日付）という見出しです。職業柄、「筋肉」という文字には人一倍敏感な私は、さっそく記事を読みました。

記事によると、トイレ掃除や皿洗いといった家事の動作を、筋電計（筋肉が収縮するときの微小な電流を測定するもので、身体に電極を貼りつける装置）を使って測定したところ、予想以上に筋力を使っていることがわかったというのです。

「トイレ掃除にかかる筋力負荷は『2リットルのペットボトル3本（6キログラム）を持って百メートル歩く』ときに相当することが分かった」

「カレーライスで汚れた皿を三枚用意し……（略）……筋電計で測ると、皿を三枚洗うとき右腕上腕にかかる負荷は『腕立て伏せ五回分』に相当することが分かった」

さて、この結果を見て、どう思われますか？　男性は、

「ほほう、家事というのは意外と大変なものなんだな」

そんなふうに思われるかもしれませんね。家で毎日家事をされている女性なら、

「ほら、やっぱり」

そう思われるでしょうか。家事は大変なのに、誰もほめてくれない、家族からねぎらいの声もないという女性たちの声を耳にしますが、こうして数値として表されると、なるほどと納得します。


記事によれば、8割の主婦が食事の後片付けにストレスを感じているというアンケート調査があるそうです。

「家族がくつろぐ時間に食器を洗うことも多いせいか、肉体的だけでなく心理的にも負担が大きいようだ」

ほかの家族はご飯を食べおわってテレビを見ているのに、自分だけがどうして食器を洗わないといけないのだろうという気持ちが、家事労働をますますいやなものにしているのかもしれません。


ともかく、こうしたデータをもとに、各企業はさまざまな商品開発をおこなっています。

そして次から次へと家事労働をより簡単でラクにするための商品が売り出されているので

す。とくに家電製品の進歩はめざましく、親の世代、祖父母の世代とは比べものにならないくらい便利でラクになりました。

今ではあたりまえすぎて便利とも感じなくなった洗濯機や掃除機、電気炊飯器もない時代がわずか数十年前にあったのです。掃除がしやすい便器が売り出されているという話も聞いたことがありますが、トイレだって昔は和式で、掃除はもっと負担が大きかったでしょう。

しかし別の角度から見れば、トイレ掃除を毎日おこなっていれば、それだけでいい運動になっていたともいえます。しゃがんだり、立ち上がったりといった動作が多く、中腰で便器の中をブラシでゴシゴシ磨いたり、しゃがんで床を拭いたりします。こういった動作を、昔の女性は毎日のようにおこなっていたのです。

トイレ掃除だけではありません。家中の掃除を箒《ほうき》とはたき、雑巾でおこなっていたのです。これは相当な重労働だったと思います。料理も電子レンジで温めるだけといったメニューはいっさいありません。ご飯は火をおこしてお釜で炊いていたのです。

エアコンもないので、暑いときは庭や道路に水をまき、寒いときは炭や練炭で火をおこしていました。家事すべてが今とは比べものにならないほど大変だった時代には、わざわざダンベルを持って筋トレする必要がありませんでした。

いまや汚れがつきにくく掃除しやすいトイレ、並べるだけで洗って乾燥までしてくれる食器洗い機、洗濯物を一枚一枚干す必要がない乾燥機、あげくは部屋の中を自分で動き回って掃除してくれるロボットまで売り出されています。そして最近では、水洗い専用のランドリー・サービスというニュービジネスも登場したとか。これは洗濯物を洗って、干して、たたんで届けてくれるそうです。

仕事もパソコンや携帯電話の登場でどれだけ便利でラクになったかわかりません。わざわざ足を運んで会いにいかなくても、メールだけで用が済んでしまうのです。

もちろん、こうした便利なものがすべて悪いと言っているわけではありません。仕事や育児、あるいは老人介護などで忙しい人などにとっては、ほんとうに心強い味方です。しかし、私たち人間は、ラクなものを見るとついほしくなります。自分にとってそれが必要かどうかはあまり考えず、ラクなもの、便利なものを手に入れたくなります。そして、一度手に入れたもの、ラクで便利な生活はなかなか手放せなくなります。

家事も仕事も移動も、大半のことは機械任せでできてしまう。しかし、便利と引き換えに失うものがあることを忘れてはいけないと思います。身近な例でお話しします。

電気炊飯器はスイッチひとつでご飯が炊き上がりますが、私は最近、家で土鍋を使っています。忙しくてなかなか毎日はつくることができないのですが、せっかく家で食べるときはご飯が食べたいのです。電気炊飯器はなくても土鍋でおいしいご飯が炊けます。土鍋を使って炊くと、ときにはおこげができたりしますが、それはそれでひじょうにおいしいものです。

もうすぐ炊き上がるかなというとき、私は火を止めるタイミングを無意識に計っています。このとき、湯気の量、香り、鍋の音などにひじょうに敏感になるのです。つまり、五感をフルに働かせているわけです。電気炊飯器ではまったく使わない感覚を働かせることで、おいしいご飯が炊き上がります。慣れてしまえばちっとも面倒ではないし、なによりおいしいので、オススメです。

ともかく、便利な生活に慣れすぎない、便利なものに頼りすぎないことです。せめてふだんは使ってもいいけれども、なくても生活できる術を身につけておかないと、この先どんなことが起こるか、誰にもわかりません。

便利でラクなものに頼りすぎて、その結果太ってしまった……。それでもまだ身体を動かすのはなんだか面倒くさい。どんどん悪循環に陥って、最後は、

「寝ながら痩せられるといいな」

身体に貼りつけて筋肉に電流を流して筋トレと同じ効果が得られるというような商品を買う。そういう人も実際にいるのです。でもこれでは笑い話にもなりません。外国で太り

すぎてベッドから動けなくなった人というのがいるそうですが、日本でもそういうことが起こらないとはかぎりません。

機械化が進み、どんどん便利になり、身体を動かさなくても、五感をあまり働かせなくても生きていける現代だからこそ、ほんとうに自分にとって必要なものとそうでないものの区別、選別をしっかりおこなうこと。そして、積極的に身体を動かす機会をつくること、いつも五感を働かせて感性を磨くこと。こうしたことが、自分らしく生きる方法だと思います。

おしゃれしても、かっこよくないのはなぜ？

いつだったか、原宿・表参道でとても颯爽《さっそう》と歩いている女性を見かけ、すれちがったあとも思わず振りかえってその足取りを目で追ったことがあります。

外国の女性で、地味な黒のビジネススーツに身を包んでハイヒールを履いていましたが、とにかく姿勢がよく、大またでキビキビと歩いている姿が美しいのです。ビジネスバッグの持ち方もバランスがいい。どんなお仕事をしている人なのかわかりませんが、

「いかにもキャリアウーマン、そしてきっといい仕事をしていそうだな。いかにも大人の女性で、かっこいいなあ」

という印象を受けました。

たかが歩く姿と思われるかもしれませんが、これがなかなかサマにならないものなのです。日本の女性は若い人も年配の人もひじょうにおしゃれで、洋服はもちろん、靴やバッ

グ、髪形、メイク、ネイルアートにまで気を配っています。しかし、立っている姿、坐っている姿、歩いている姿はどうでしょうか。美しい、かっこいいと思う人はあまりいないような気がします。鏡の前で自分の姿をチェックするときも、洋服やお化粧ばかり見ています。そして姿勢や動作はもちろんのこと、全体のシルエットやバランスもまるで見ていないのです。

男性はもっとその傾向があります。若い人はおしゃれに気をつかっているようですが、見た目や他人がどう思うか、まるで興味のない年配の男性もまだまだ大勢います。それに年代を問わず、自分の姿勢や動作には無頓着です。

年配の人でも見かけますが、若い人の姿勢の乱れはひじょうに気になります。かわいい顔をしているのに、ミュールを履いてペタペタ歩き、疲れ果てたおばあさんのような姿勢で立っている女の子たち。だらしないファッションで、しゃがみこんでたむろしている男の子たち。

「もうちょっとシャキッとしなさい」

と思ってしまうのは私だけではないと思います。十代、二十代からあんな姿勢を続けていたら、二十年後、三十年後にはどうなっているでしょう。骨は変形してしまい、身体のあちこちに不調や病気が起こっていても不思議ではありません。

そんな先のことなんてどうでもいい。若い人はそう思うかもしれません。しかし、今のその姿はきれいといえるでしょうか。

お化粧を完璧にして、髪形をバッチリ決めれば、それだけで美人になれるのでしょうか。あるいは身長や体重、3サイズといった数字が理想的であれば、それでスタイルは美しいのでしょうか。

仕事で韓国や中国に出かける機会が何度かありましたが、どちらの国の人も、特に若者たちの姿勢がいいのには感心しました。韓国は儒教の国で徴兵制度がありますから、男性はきたえられた身体が多く、姿勢もよく動作はきびきびしていて、ひじょうに礼儀正しいのです。中国の人もひじょうに姿勢がよく、動作も機敏でした。

同じアジアの国なのに、どうして日本人は姿勢や動作が美しくないのでしょうか。かつては日本でも姿勢がよく、礼儀正しいことはあたりまえの風景だったはずです。こんなことで日本は大丈夫なのかと、思わず心配になってしまいました。

戦後になって、家庭や学校でも、「姿勢を正す」とか「背筋を伸ばす」といったことにあまり注意しなくなったのもひとつの原因でしょう。身体を動かすことよりも勉強に重きを置きすぎた影響もあるかもしれません。身体を使って学ぶことがほんとうの意味での教育であり、もっとも大切なこと、基本のはずです。次の世代にしっかりと伝えていかなければならないことを、私たちはどこかに置き忘れてきてしまったのです。

今からでもけっして遅くはありません。これだけおしゃれに気をつかう人が多いのですから、姿勢や動作にもぜひ気を配ってみませんか。「バランス」を考え、身体意識を高める。姿勢や動作も含めての「トータル・コーディネイト」だと私は思います。

そういえば、先日たいへん興味深い記事を読みました。「狂いだした日本人の〝体感距離〟」(『ヨミウリウイークリー』2005年7月24日号)というタイトルで、見ず知らずの他人にむやみに接近してぶつかる人、すれ違いざまにぶつかっても謝らない人が増えているという内容です。

犯罪行動生態学の権威である清水賢二・日本女子大学教授によると、

「日本人の体感距離が狂ってきた」

ということだそうです。この体感距離とは、「物心両面で無用の衝突を避けるために他者と一定の距離を保ってきた、一種の規範」のこと。また、自分の視界に他人がはいっていないという人が、一九九〇年代以降増えていると、千石保・日本青少年研究所所長は見ています。

なるほど、電車の中で平気でお化粧したり、無神経に濡れた傘を人に向けるような人が多くなっている気がします。公共空間も私空間としてとらえるから、他人の目を気にすることもないし、ぶつかった人にも謝る必要がない。

しかし、これはたんなるマナーの悪さではなく、「日本人の劣化」で、犯罪行動の温床になるとまで清水教授は危惧しています。

「ぶつかって謝るという行為は、相手を思いやる心の発露」と記事には書かれていましたが、まさにそのとおりですね。そして、自分では直接見ることのできない笑顔やおしゃれも、相手を思いやる心に根ざしたものだと私は思います。

自分の身体をよく知る

自分のことはわかっているようで、じつはあまりわかっていない、ということがあります。客観的に見ることがむずかしいからでしょうか。自分の能力を過小評価していたり、逆に贔屓《ひいき》目に見ていたり。性格についても、「自分はこういう人間だ」と思っているイメージと、人が自分に対して抱いているイメージとではずいぶんギャップがあったりするものです。

身体についても同じです。自分の身体について、私たちは意外とよくわかっていないものです。なかには、まったく自分の身体について興味がない人や、興味があっても肝心なことがわかっていないというか、興味が偏っている人もいます。

若い女性の場合だと、太っているかいないか、スタイルはいいかどうか。そんな面ばかりに気をとられていないでしょうか。そして、身体が不調のサインを出しているときでも、

それを見逃したり、大したことはないだろうと勝手に判断したりすることがあります。たとえば、

・なんだか疲れているのに、仕事が忙しいから会社を休めない。
・最近、身体がちょっと重い感じがするが、いつもの癖でつい食べ過ぎてしまう。
・寝不足で顔色が悪いときは、手っ取り早くメイクで隠す。
・二日酔いだったのに、誘われるとまた飲みに行ってしまう。
・頭痛や肩こりがひどいので、よく鎮痛薬で痛みをまぎらわす。
・学生時代は運動部に属していたが、もう何十年も運動らしい運動をしていない。

どうですか。ひとつくらい思い当たることがありませんか。

多かれ少なかれ、私たちは知らないうちに自分の身体に無理をさせていることがあります。ほんとうに重大な病気になってしまうまで、身体は文句ひとつ言わず、黙々と働きつづけてくれます。しかし、病気になってから気づいたのでは取り返しがつかないこともあります。身体の声に耳を傾けましょう。自分の身体に意識を向けてあげましょう。身体も含めて丸ごと自分自身なのです。

そして、自分の体調はもちろんですが、姿勢や動作にももっと関心をもってほしいと思います。たとえば、立つ。人はみな、自分がまっすぐ立っていると思っています。わざわざ傾いて立とうと思う人はいません。

ところが、大学やカルチャーセンターで学生や生徒さんに教えていると、この基本中の基本がちゃんとできていない人がかなり多いのです。というよりも、むしろまっすぐに立つことのできる人はひじょうに少ないといっても過言ではありません。みんな、どこかしら傾いたりゆがんだりしています。

ためしに身体全体が映る鏡でチェックしてみるか、家族や友人とチェックしあってみてください（87頁参照）。前のめりになっている人、反対に反っている人、膝が曲がっている人、背中が丸まっている人、鳩胸でっちりぎみの人、じつにさまざまです。

ある女性はやや後ろに傾いていたので、まっすぐな状態はこうだと指導したところ、ひじょうに驚いて、

「スキーのジャンプで飛んでいるような気がします」

と言いました。ジャンプ台から飛び出したあとのフォームはひじょうに前に大きく傾いた状態ですね。まっすぐに立つと、あんな感じがするというわけです。

反対に、いつも前かがみの姿勢で立っていたので、正しい立ち方をすると、後ろに倒れ

そうだと思う人もいます。

背骨や骨盤、膝など自分の身体の骨格のゆがみや筋肉のゆがみを知ることが大切です。猫背になっているとか、右肩がいつも下がっているとか、肩の関節が硬くなっているとか、腹筋が弱い（腰痛になりやすい）とか、具体的に悪いところをまず知る。気づくことはすばらしいことです。

硬くなった身体をほぐし、バランスよくきたえなおし、ゆがみをとる。身体全体のバランスがよくなれば、日常生活の動作が今よりもっとスムーズにおこなえるようになります。日常生活のあらゆる動作がムダのない動き、最小限の動きで最大限の効果を得るようになれば、何かにつまずいても転倒しにくい、あるいは運悪く転倒した場合でも骨折しにくい身体になります。

エクササイズはたんに機械的な反復運動ではなく、動きを繰り返しながらよりよい動き方を発見していくものです。また、動きを通して神経系に働きかけ、習慣によってゆがめられた神経回路を修復し、活性化することをめざします。すると脳から筋肉への伝達がスムーズになり、自然なバランスが回復され、身体意識が高められていきます。

日々の積み重ねが大切です。バランスのいい、自然体の身体をつくりましょう。

COLUMN

文武両道の意味は？

養老孟司さんの超ベストセラー『バカの壁』を読んでいたら、「文武両道」という項目でおもしろいことが書いてありました。ふつう私たちがこの言葉を使うときは、「文と武、つまり学問と武芸の両方」という意味で使います。「文武両道にすぐれている」のように使いますが、要するに学問と武芸はべつべつのもの、という前提で使っているのです。ところが養老さんは、

「文と武という別のものが並列していて、両方に習熟すべし、ということではない。両方がグルグル回らなくては意味が無い、学んだことと行動とが互いに影響しあわなくてはいけない、ということだと思います」

と書かれています。また、学習ということについて、

「往々にして入力ばかりを意識して出力を忘れやすい。身体を忘れている」

と書かれています。思わず私は「そのとおり！」と興奮しました。思ったこと、考えたことを身体で表現していかなくてはいけない。そんなふうに思うのですが、いかがでしょうか。

高齢化社会を元気に生きるために

残念ながら日本という国はヨーロッパ諸国のように、「成熟した文化」「成熟した社会」とは言いがたい面があります。たとえば東京でもほかの地方都市でも、繁華街には若者が楽しむ娯楽が中心で、大人が楽しめる落ち着いた場所はあまり多くありません。街にあふれているのは騒音と若者ばかり。実際に渋谷など、歩いているのは十代の子ばかりです。年配の人はたまに外出しても、こんな騒々しさには気疲れして、もう行きたくないと思うかもしれません。

モダンダンスの恩師・折田克子先生が「日本は親切というおせっかいが多すぎる」とよく言われます。駅でも車内でも次の駅名を何度も何度もアナウンスしますが、外国ではいっさいなく静かです。降りる駅くらい自分で気をつけているべきなのです。ひとりひとりが主体性をもって生活する大切さを私たち日本人は忘れているのかもしれません。

話は少しそれましたが、とにかくわざわざ喧騒《けんそう》に満ちた人ごみに行かなくても楽しいことはたくさんあります。人間にはさまざまな能力がありますが、生きていくうえで「行動力」（activity）はひじょうに重要なものだと最近つくづく思います。というのは、私たちは何歳になっても行動力があれば、自分のことは自分でできるし、自分の足でいろんなところに行くことができます。山登りもできるし、海で釣りをすることもできるでしょう。旅先で温泉に浸かっておいしいお料理を食べることもできます。国内だけではなく、外国にだってどんどん旅行することができるのです。

どこでも好きなところに自分で行くことができれば、そこにはきっと新しい発見があり、新しい出会いがあり、自分の世界を広げていくことができます。

高齢者の方も、ぜひ何か楽しみを見つけて、気の合う友人や家族と積極的に外に出るべきだと思います。疲れるから、面倒くさいからと、家に閉じこもっていると、だんだん身体を動かさなくなってしまいます。身体を動かさなければ筋肉も骨も弱くなり、だんだん人からなにかをしてもらうのを待つばかりになってしまうものです。

身体を動かさず受け身で生きていると、そのうちなにもかも面倒くさくなって、すべて人任せ。これではいきいきと人生を楽しむことができません。そして、友人や知り合いにたまに会っても、

「いやあ、腰と膝が痛くてねえ。めったに外に行かなくなって……」

「私は目が悪くなってきて、本も読めないんですよ」

「血糖値と血圧が高くて、こんなにお薬をのんでいるんです」

「そういえば、○○さん、最近見かけないと思ったら、入院されているそうですね」

そんな会話に終始していては、お互いに励まし合うどころか、気持ちはますます暗く沈んでいくでしょう。

たしかに年をとると目が見えにくくなるとか、代謝が落ち、体脂肪がたまりやすくなるとか、免疫力が落ちて、さまざまな病気になりやすいといった側面は否定できません。避けられない老化はたしかにあります。しかし、年齢を重ねていくということは、はたしてマイナスのことばかりでしょうか。

絵画をはじめとする芸術の分野では、年を重ねるほどその作品に深みが増して、磨かれていくという人がたくさんいます。

恩師・折田克子先生は今年で六八歳（一九三七年生まれ）ですが、モダンダンスの作家、ダンサーとして第一線で活躍されています。舞台で踊る姿はじつに若々しく、美しく、ときには少女のように可憐です。克子先生のお母様で、もちろん私のモダンダンスの師である石井みどり先生は、今年九二歳（一九一三年生まれ）ですが、今なお現役で舞台や弟子の育成にと、踊りを続けていらっしゃいます。若いころのような跳躍はできなくても、舞台で舞うその姿は、多くの人に感動を与えています。このお二人をそばで見ていると、年齢を重ねることはちっともマイナスではないと思うのです。

身体を動かしましょう。

足腰をきたえましょう。

これが生きていくうえでの基本です。心と身体は別々のものではありません。心も精神も肉体も含めて、丸ごと自分自身です。身体が軽やかに動けば、心はいつまでも若々しくいられます。逆に自分の足で歩くのがむずかしくなると、だんだん心細くなってきて、自立心も低下してしまいます。

うれしいことに、筋肉は何歳になっても、きたえることができるのです。「もう年だから」ということはけっしてありません。

ただし、がんばりすぎは禁物です。スポーツジムなどで筋力のトレーニングに励んでいる年配者のなかには、がんばりすぎている方をときどき見かけます。トレーニングマシンとむきになって格闘しているのです。勢いをつけたり、重すぎる負荷をかけたり、やみくもに回数を重ねたりすると、筋肉は強くなるどころか、傷んだり、切れたりすることがあります。

若いころからずっとトレーニングを続けてきた方は、正しい方法をご存じでしょうが、年をとってから我流で筋トレを始めるのは危険です。しっかり専門のトレーナーから指導を受けておこなってください。

そして、わざわざ特別な筋トレをしなくても日常生活を見直せば、身体をもっと動かしたり、足腰をきたえたりすることができるのです。ふだんの姿勢や動作の質を高めれば、筋肉や関節の機能はアップします。日常生活に必要な筋肉が衰えていませんか?

年をとることは素敵なことです。若さと健康を保つためにも、足腰をきたえ、経験を重ね、知識と視野をひろげ、自信をもって、年齢を重ねていきましょう。私も七〇歳、八〇歳になっても皆さんにエクササイズの指導を続けていられるよう、これからもしなやかな身体をつくっていきたいと思っています。

COLUMN

ウォーキングで身体を痛めない

ウォーキングは高齢者だけでなく幅広い年齢層に、根強い人気があります。誰かにわざわざ習わなくても歩くことぐらい誰でもできそうだし、せいぜい歩きやすいウォーキング用のシューズさえあれば、あとは特別な道具もいらない。誰でも思い立ったらすぐに始められます。

ところが、ウォーキングで身体のあちこちを痛める人が相変わらず多いのです。

そもそも、ただ歩くだけといって簡単に考えては危険です。これまで長い間、ほとんど運動らしい運動をしてこなかった人、歩くこともあまりしなかった人がいきなり60分も90分も歩いたら、筋肉が悲鳴を上げるのは必至です。

膝や足首などの関節、腰などに負担がかかることもあるでしょう。正しいフォームで歩かなければ、身体のどこかに無理を生じます。筋肉痛くらいなら何日か休めば回復しますが、骨折でもしたら大変です。

骨折の中でも、とくに股関節の骨折が深刻です。もともと股関節は、球関節(肩関節とともに可動範囲が最も広く、ダイナミックな動きができる関節)です。さまざまな動きができる箇所なのですが、現代の生活では、股関節をあまり使うことがありません。ふつうの生活をしていると、買い物で少し歩くぐらいしか使わない、それも十分とはいえない人が多いはずです。

　足首の骨折ぐらいなら、まだ杖をつけばなんとかなるでしょうが、股関節となると、なかなかやっかいです。入院してそのまま寝たきりになってしまうケースも少なくないという話を聞きました。

　とにかく関節の可動域をせばめない（関節をかためない）こと、そのまわりの筋肉をきたえて、しなやかにしておくことが大切なのです。しなやかさというのは強さ（strength）と柔軟性（flexibility）の両方が必要です。股関節のほか、足首、肩なども同じです。

　ウォーキングはたしかにすばらしい有酸素運動ですが、我流でおこなうのは危険です。正しい姿勢を覚え、歩く前後にはかならずストレッチをおこない、自分のその日の体調と相談しながら、無理せずにおこなうべきだと思います。

　適度なエクササイズもあわせておこないましょう。

48キロをキープしている秘訣

手前みそになりますが、私の身長は158センチメートル、体重は二十代のころの48キログラム、体形も変わらずキープしています。なにか秘訣があるかと訊ねられることがありますが、自分ではあまり意識したことがありませんでした。今回、少し自分なりに分析してみたいと思います。

体重は努力してキープしているというよりは、あくまでも健康状態のバロメーターと思っています。ですから、これからお話しするのはむしろ健康の秘訣についてかもしれませんが、私がなによりも大切だと考えているのはバランスです。健康のためには、食事、運動、休養の三位一体のバランスが大切といわれていますが、まさにそのおかげだと思います。この3つについて、お話ししたいと思います。

・食事

まず食事に関しては、これを食べてはいけないというような制限は一切ありません。フライやてんぷらのような揚げ物も好きで、量はあまり多くありませんが食べています。

ただし、全体の傾向としては、洋食よりは和食、肉よりは魚介類が好きです。ふだんからフレッシュな野菜や果物、海藻類、旬のものを意識して食べています。豆類が好きで、豆腐や納豆をよく食べます。おつきあいなどで少し食べ過ぎたかなと思ったら、翌朝はフレッシュジュースやヨーグルトだけとか、お粥にして、胃を休めるようにしています。

甘いものも好きですが、忙しくて間食をする時間があまりないこと、お酒はほとんど飲めないことなども、結果として太りにくい要因となっているのかもしれません。しかし、食生活については、それほどこだわったり、厳密なルールを設けたりしているわけではないのです。ただし、水分補給はまめにして、ミネラルウォーターやお茶をよく飲みます。

・運動

われながらよく動いていると思います。大学やカルチャーセンターなどで指導するときは、自分自身はそれほどエクササイズをおこなうわけではなく、生徒さんの間を歩き回って、声をかけたり、フォームを直したりしています。このときだけでも相当動いているように思います。

移動には電車や地下鉄を使うことが多く、乗り換えの駅などではできるかぎり階段を上り下りします。日常の動作も知らないうちにエクササイズやストレッチになっていることが多いようです。電車の中で立っているときも深い呼吸をしながらお腹を引き締めたり、ふくらはぎのストレッチをしますが、こうしたことはすでに習慣になっているので、ほとんど無意識に近い状態でおこなっています。

また古巣《ふるす》の舞踊研究所で、バーレッスンやフロアのモダンダンスの稽古をずっと続けています。仕事ではなく、自分の大好きな踊りで身体を動かしトレーニングすることは、体調をベストに保つ自分自身の矯正でもあり、ストレス発散にもなっているのではないかと思います。

・休養
どんなに忙しかった日でも、疲れを翌日に残さないために、寝る前の5分、10分を大切にしています。

ヨガティス（ピラティス＋ヨガ）をおこないながら、自分の身体と対話します。背筋をはじめとする骨格がゆがんでいないかどうか。どこか硬くなっている筋肉はないか。身体の緊張に気づいたら、ほぐしてコンディショニングします。そして、ゆったりした呼吸でリラクセーションをおこない、一日を気持ちよく終えることにしています。

心と身体の硬さをほぐし、ゆがみを取っておくと、眠っている間にほとんどの疲れは消えてしまいます。また次の日もパワフルに過ごすことができるのです。たとえ睡眠時間が十分にとれないときでも、ストレッチやリラクセーションをおこなうことで、睡眠の質を高めることができると思います。

忙しい日々の中、限られた時間を楽しむことも大切です。いろいろな芸術に触れたり、本を読んだり、映画を見たり、音楽を聞いたり、たまには旅行したり、自然に触れたり……。自分の感性（五感）を磨いてリフレッシュしています。

・バランス

最初にお話ししたように、なにか特別のことをしているわけではありません。しかし、体重がずっと変わらないということは、結局摂取カロリーと消費カロリーのバランスがとれているのだと思います。食事と運動、休養の三つのどれかひとつでもバランスをくずすと、体重が変動したり、体調をこわしたりするはずです。

そうはいっても私がまったく太らないかというと、そんなことはありません。体重はめ

ったに計らないので細かい変化はわかりませんが、たとえば去年はすんなり入ったスカートが、

「あれ？　今年はちょっときつい。おかしいな」

ということはあります。ウエストはどうしても太りやすい箇所です。こんなときも、食事の量を減らすようなダイエットはおこないません。身体を使う職業なので、食べる量を減らしてやつれるわけにはいかないのです。しかしプロですから、お腹まわりをそのままにしておくわけではありません。集中的にウエストやお腹、背中をきたえるエクササイズをおこなうことにしています。少し意識してエクササイズをおこなえば、一週間くらいでスカートもすんなり入るようになります。

数字にこだわるのはあまり好きではありません。身体の中からきれいに、体調を整えるように心がけています。48キロがベストというよりは、私にとって動きやすい、行動しやすくて、心と身体のバランスがとれた、自分らしい状態のときの体重がそのくらいということなのです。

自分らしく生きるために学んだこと

二十代のころ、私は踊りひとすじでした。子ども時代に習いはじめたクラシックバレエではなく、自分自身で「これ」と思ったモダンダンスの道をただひたすら邁進《まいしん》していました。もちろん、いつも順調だったわけではありません。悩んだり壁にぶつかったりしたとき、私はさまざまなものを学び、そこに答えを見つけようとしました。

心理学の領域にも興味をもちました。「ゲシュタルト療法」もそのころ知ったものです。これは一九五〇年代後半にドイツ人の心理学者、フリッツ&ローラ・パールズ夫妻によって開発された精神療法で、言葉のやりとりだけでなく、身体の発するメッセージを重んじます。現象学や実在的アプローチを強調し、自分に責任をもつ、自立した個人の達成を目標とし、一瞬一瞬、自己の内部で起こっていることに対する自覚を育むよう働きかけてゆきます。

踊りという身体を使った芸術表現をめざす私にとって、ひじょうに興味深いものでした。ゲシュタルト心理学の考え方がよくわかる、原則（ゲシュタルト哲学）をご紹介します。

ゲシュタルト哲学
第1原則　今に生きよ。過去や未来でなく現在に関心をもて。
第2原則　ここに生きよ。眼の前にないものより、眼の前に存在するものを取り扱え。
第3原則　想像することをやめよ。現実を体験せよ。
第4原則　不必要な考えをやめよ。むしろ、直接味わったり見たりせよ。
第5原則　操縦したり、説明したり、正当化したり、審判しないで、むしろ表現せよ。
第6原則　快楽と同じように、不愉快さや苦痛を受け入れよ。
第7原則　自分自身のもの以外のいかなる指図や指示も受け入れるな。偶像崇拝をしてはならない。
第8原則　あなたの行動、感情、思考については完全に自分で責任をとれ。
第9原則　今のまま、ありのままのあなたであることに徹せよ。

「今、ここで」（here and now）――過去にとらわれるのではなく、未来を案ずるのではなく、今のこの瞬間をとらえて、自分らしく生きなさいという考えです。覆い隠された本当の自分を直視し、ありのまま自分を受け入れ、認めたうえで生きていくことを学びます。ちなみに、ゲシュタルトとは「統合された形、全体の形」といった意味をもつドイツ語だそうです。

自分を見つめ直すというとき、それは内面的、精神的なものだけを指すのではないと思います。外面的、身体的な側面、健康面にも目を向け、自分の身体をよりよい方向に改善していくことが大切ではないでしょうか。

動作や身体の状態からアプローチし、本人に気づかせ、やがては内面も身体も変えていく。こうした考え方は、のちにフィットネス界のエアロビクスの指導者養成コースで、インストラクターを育成・研修するときにもたいへん役に立ちました。いくら私が指導しても、本人に気づきを与えないかぎり、成長や変わっていくことは望めない。まさにゲシュタルト心理学のとおりでした。

また、さまざまな一般の方と接し、指導している現在の私にもひじょうに役立っています。たとえば、コミュニケーションのとり方やその場の空気の読み方。

生徒さんが遅れてやってきて、

「先生、今日私すごく疲れているんですけど、どうにか来ました」

と言われます。もしそのとき私が、

「あっ、そうですか。次からは遅れないでください」

とそっけなく、冷たく、事務的に言ったらどうでしょうか。きっとその方は、次に体調が悪いとき、もう来られなくなるでしょう。そうではなく、自然な気持ちで、

「あらー、〇〇さん、よく来られましたね。体調が悪いときは、寝に来られるだけでもいいんですよ」

と言えるのは、若いときに学んだゲシュタルト心理学とも、けっして無縁ではないと思います。

筋肉は元気の源

ここで筋肉について少しまとめておきましょう。

人間の身体には約450種類の筋肉があり、そのうち約400種類は骨格筋で、身体全体の3分の1から半分の重量を占めています。ちなみに、骨格筋のほかの筋肉とは、心臓を動かしている「心筋」と消化管壁や気管支壁など内臓や血管壁をつくる「平滑筋」ですが、ここでは骨格筋についてお話ししましょう。

筋肉は筋繊維（筋細胞）が何万本、何十万本と集まって束になったもので、まわりは筋膜で覆われています。よく「運動で筋肉をきたえる」といいますが、筋繊維の数は生まれてから死ぬまで、ほとんど変わりません。つまりトレーニングによって、筋繊維の数が変わるわけではなく、一本一本の筋繊維が強く、しなやかに、張りのあるものになるということなのです。

〈筋肉の種類〉

- **心筋（不随意筋）**
  心臓を動かす筋肉
- **平滑筋（不随意筋）**
  内臓や血管壁を形成する筋肉
- **骨格筋（随意筋）**
  身体を動かすときに使う筋肉
  - **白筋（速筋）**
    無酸素運動で使われる。大きな力をすばやく発揮できるが、持久性に乏しくすぐに疲れる。
  - **赤筋（遅筋）**
    有酸素運動で使われる。力の発揮はゆっくりとして弱いが、持久性に富んで疲れにくい。

さて、筋肉の働きとはいったいなにかご存じですか。ふだんあまり筋肉の働きなんて、考えたことがないかもしれませんね。

いろいろありますが、ひとつずつ見ていきましょう。

身体を動かす

まず、腕を伸ばす、首を曲げる、荷物を持ち上げる、ボールを投げる、立つ、坐る、歩く、走る……など、さまざまな身体の動きは、筋肉（と関節）の働きによるものです。さまざまな動作は、筋肉が収縮しておこなわれます。

たとえば、目の前にあるお菓子を食べるとき、腕はそのお菓子をつかみます。このときどういうことが起こっているのでしょうか。

まず、お菓子を食べたいと思っているのは、脳（大脳皮質）です。脳は「腕を前に出してお菓子をつかみなさい」という命令を出します。もっとくわしくいうと、肘の関節を伸ばし腕を前に出すために、上腕三頭筋に収縮しろという指令を出します。

指令は電気的刺激（インパルス）となって脳幹を経由して、脊髄〜末梢の運動神経〜上腕三頭筋に届けられます。すると、上腕三頭筋の筋肉が収縮し、肘の関節が伸び、腕が前に出ます。

無意識のうちに、脳と筋肉のすばやい連携プレーがおこなわれているのです。

姿勢を保つ

坐っている、立ったままいるというように、私たちが姿勢を保っていられるのも筋肉の働きによるものです。数多くの筋肉を同時に働かせることによって、一つの姿勢を維持することができるのです。筋肉のおかげで関節が固定されているため、筋肉が衰えると関節痛が起こりやすくなります。

代謝を促進する

基礎代謝量とは、生命を維持するために必要な最小限のエネルギー量で、通常1日の総消費エネルギーの6~7割を占めています。基礎代謝量が多い人は脂肪が燃えやすく、少ない人は脂肪が燃えにくいわけですが、基礎代謝量は筋肉量によって決まります。つまり、同じ体重であっても、体脂肪率が低く筋肉量(除脂肪体重)が多いほうが基礎代謝は高く、さらに脂肪が燃焼しやすいということになります。

体温を一定に保つ

寒い冬でも体温が一定に保たれているのは、筋肉がエネルギーを使うことによって熱を発生させ、体温を保っているからです。また、まったく身体を動かさなくても体温が一定に保たれるのは、筋肉をわずかに震わせることによって、熱をつくりだすためです。家の中から寒い外に出たときなど思わず身震いするのは、この働きによるものなのです。

なお、男性よりも女性に冷え症が多いのは、相対的に筋肉量が少ないことが原因のひとつと考えられています。

血液を循環させる

筋肉が収縮することによって血液循環が促進されます。

全身に血液を送りだすポンプの役割をしているのは心臓ですが、全身から心臓へと血液を戻すのは筋肉の役目です。

心臓から離れた部位の筋肉が収縮すると、筋肉の内部の圧力が高まり、乳搾りでミルクがしぼりだされるように、血液がしぼりだされます。この筋肉が弛緩するとあらたに血液が流れ込みます。

こうして筋肉が収縮と弛緩を繰り返すことによって、環流を促進して血液を心臓にもどしています。これを「筋ポンプ作用」（ミルキング・アクション）と呼びます。脚がむくんだりするのは、この血液循環が悪くなっているため。こういうとき、脚を動かすことで、血液を心臓にもどすことができます。

脂肪を燃焼させる

運動によって筋肉を動かすと、まずアドレナリンなどのホルモンが分泌されます。すると脂肪分解酵素が発生し、脂肪は遊離脂肪酸に分解され、血液中に排出されます。遊離脂肪酸は筋肉（赤筋）に取り込まれ、エネルギーとして消費（酸素と結合して燃焼）されます。

ということは、脂肪を減らしたいと思えば、筋力トレーニングなどで筋肉（赤筋）の量を増やし、水泳、ウォーキング、エアロビクスなどの有酸素系運動をすると効率よく脂肪を燃焼させることができるということです。

インスリンの効果を上げる

インスリンはすい臓から分泌されるホルモンで、体内に入ったブドウ糖を筋肉などの細胞がエネルギーとして利用するのを助けます。通常、体内に入った糖分の7割は筋肉で消

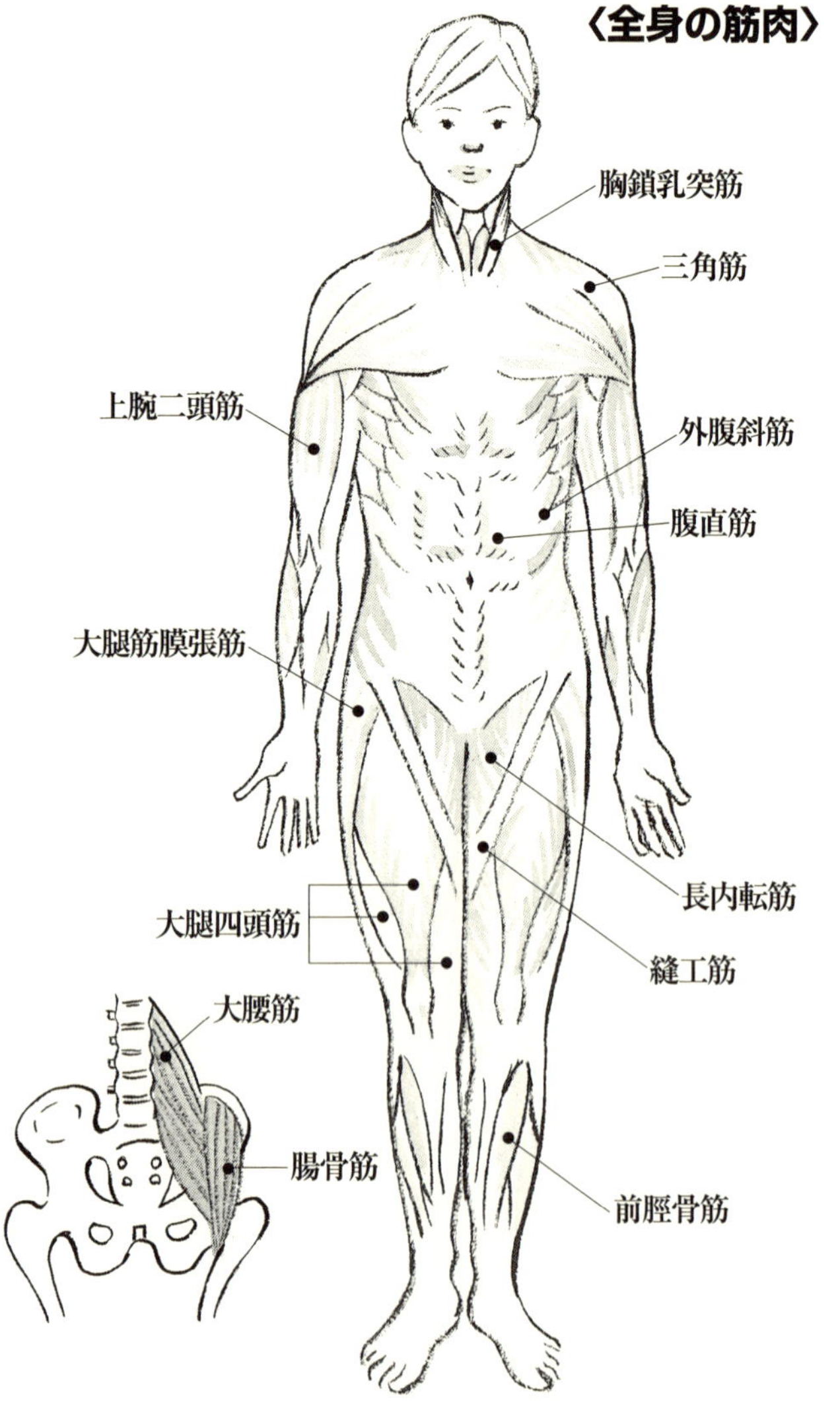
〈全身の筋肉〉
胸鎖乳突筋
三角筋
上腕二頭筋
外腹斜筋
腹直筋
大腿筋膜張筋
長内転筋
大腿四頭筋
縫工筋
大腰筋
腸骨筋
前脛骨筋

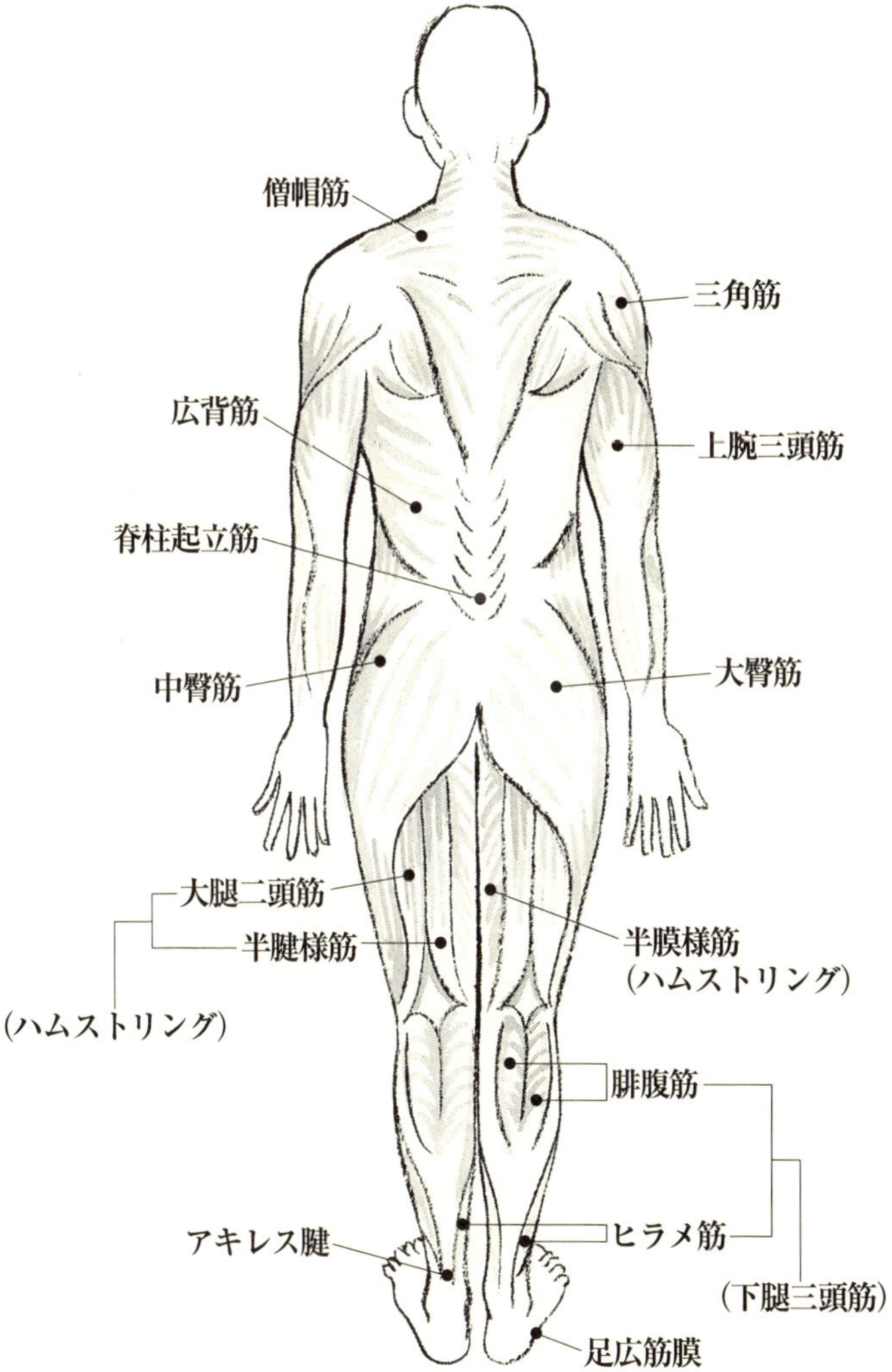
僧帽筋
三角筋
広背筋
上腕三頭筋
脊柱起立筋
中臀筋
大臀筋
大腿二頭筋
半腱様筋
半膜様筋
(ハムストリング)
(ハムストリング)
腓腹筋
アキレス腱
ヒラメ筋
(下腿三頭筋)
足広筋膜

費されています。ところが糖尿病の人は、インスリンの作用が不足するため、ブドウ糖を利用できなくなり、血液中の血糖値が高い状態のままになってしまいます。

運動で筋肉をきたえると、細胞におけるインスリンの働きが高まり、血糖値をコントロールしやすくなります。

なお、糖尿病患者に運動療法は有効ですが、運動をするべきかどうか、どういう運動をするべきか、かならず病院の診察、指示を受けましょう。

ざっと見てきましたが、私たちの身体において、筋肉がいかに大切な働きをしているか、筋肉をきたえることがいかに健康につながるか、わかっていただけたのではないでしょうか。

筋肉は適度に使うと発達する

フィットネスやスポーツ医学の世界では「ルー（Roux）の法則」というものがよく知られています。もともとドイツの生物学者ルーが、人間の器官や機能についてまとめたものです。

これに筋肉をあてはめたものが「筋肉発達の三原則」としてボディビルなどの筋肉トレーニングの基本理念となっています。

この法則はボディビル用のりっぱな筋肉をつけるときだけでなく、ダイエット目的などのエクササイズにも当てはまるものなので、ご紹介しましょう。

1. 筋肉は使わなければ衰える
2. 筋肉は適度に使うと発達する

3. 筋肉は使いすぎると衰える

「筋肉は使わなければ衰える」

これは皆さん、すでにご存じだと思います。

たとえば、脚を骨折して入院した。何カ月もギプスをはめていたら、その使っていない脚が細くなってしまい驚いたというのはよく聞く話です。一定期間使わないと、筋肉を形づくる筋繊維一本一本が細く、弱くなってしまうのです。

高齢者が転倒して骨折し、そのまま寝たきりになってしまうケースも、使わない筋肉が衰えてしまうからです。

あるいは、もっともいい例が宇宙飛行士です。大気圏外の無重力状態では身体に負荷がかからないので、筋肉（と骨）があっという間に衰えてしまいます。

かつては地球に戻ってきたとき、自分の脚では歩けないほど筋力が落ちていたそうです。そこで最近では、宇宙にいる間も、エルゴメーター（自転車こぎ）などのトレーニングマシンやチューブを使っていくつかのトレーニングをおこない、筋肉や骨の衰えを防ぐプログラムが用意されています。

「筋肉は適度に使うと発達する」

正しい方法で適度なトレーニングをすれば、筋肉はかならずきたえられます。これは成長期の子どもや若い人だけでなく、中高年、高齢者にもあてはまることです。

年齢の高い選手がオリンピックで活躍したり、高齢になってもマラソンに挑戦する人がいるなどの例を見ればわかりますね。

寝たきり予防には筋力トレーニングが有効だということがわかり、高齢者の人口がひじょうに多い茨城県大洋村では、高齢者向けの筋力トレーニングが積極的に実施され、成果をあげています。また、二〇〇六年度からの実施に向けて、厚生労働省は全国71の自治体で「介護予防」のモデル事業（筋力トレーニングや栄養改善指導など）をおこなっており、これも効果をあげているようです（『読売新聞』2005年3月22日付）。

「筋肉は使いすぎると衰える」

では、筋肉は使えば使うほどよいか、きついトレーニングをすればするほど発達するかというとそうではないのです。これが、使いすぎると衰えるということです。

毎日毎日、マシーンなど大きな負荷を用いた筋トレをがんばれば、筋力はそれだけ高まるのでしょうか。いいえ、筋肉を増やすためには、適度な休養が必要です。トレーニングで傷ついた筋繊維を修復させるときに、筋肉は以前よりも強く、太く、しなやかになります。この修復のための時間がないと、筋肉はただ疲労し、傷ついたままで弱ってしまうのです。

もちろん、この本でご紹介するような、過度の負荷をかけない適度なエクササイズなら、毎日おこなってもまったく問題はありません。ストレッチなどはむしろ継続したほうが、柔軟性や関節の可動域がそれだけアップします。

ただし、あくまでもその日の調子をよく見ながら、です。自分の身体と対話しながら、無理のない範囲で楽しくエクササイズを続けていきましょう。

COLUMN

足の裏のすばらしさ

私はこれまで教室で生徒さんに対しても、そして本の中でも、足の裏の大切さをお話ししてきました。私のルーツはモダンダンスで、これはいわば「大地を踏みしめて素足で踊る」生命力あふれる踊りです。レッスン中に何度皮がむけたり怪我をしたりしたかわかりませんが、こうしてきたえてきた自分の足の裏には自信と誇りをもっています。

身体を支えてくれる足の裏、大地の鼓動を感じる足の裏……。物理的にも精神的にも、自分の足で立つことの大切さを私たちは忘れてはいけないと思います。

ことあるごとに、足の裏の大切さをお話ししていたら、あるとき教室の生徒さんの一人が、「こんないい詩があるんですよ」と、足の裏についての詩を紹介してくださいました。とてもすばらしい詩ですので、ここでご紹介しましょう。

「尊いのは足の裏である」　坂村真民

1

尊いのは
頭でなく
手ではなく
足の裏である

一生人に知られず
一生きたない処《ところ》と接し
黙々として
その努《つと》めを果たしてゆく
足の裏が教えるもの
しんみんよ
足の裏的な仕事をし
足の裏的な人間になれ

2

頭から
光が出る
まだまだだめ

額《ひたい》から
光が出る
まだまだいかん

足の裏から
光が出る
そのような方こそ
本当に偉い人である

外側の見てくれのいい筋肉より、インナーマッスルが大切

筋肉をきたえるというと、ボディビルダーの肉体を思い浮かべる人がいるかもしれません。彼らの身体はいかにも全身の筋肉をきたえ上げているように思いますが、じつは「表層筋」といって、身体の表面に近い部分の筋肉を集中的にきたえているのです。たとえば、肩の僧帽筋、三角筋をはじめ、胸からお腹にかけて上から大胸筋、前鋸筋、外腹斜筋、腹直筋、そして背中の広背筋、お尻の大臀筋、腕の上腕二頭筋、太腿の大腿四頭筋などです。テレビや雑誌で、お腹の筋肉が六つに分かれている男性を見たことがありませんか？　あれが腹直筋です。

しかし、最近注目されているのは、こうした表面にある目立つ筋肉ではなく、「インナーマッスル」（深層筋）といって、もっと奥にある筋肉です。ふだんの日常動作の動きに必要な筋肉であり、さまざまな動きをコントロールする、まさに身体の基礎、土台となる

重要な筋肉です。

とくに大切なのは、肋骨と骨盤の間の部分で、ここは「コア」と呼ばれています。身体の中心部というわけです。身体のちょうど真ん中付近でもありますし、身体の動きの中心でもあります。コアにあるインナーマッスルは、私たちの動きをコントロールするものばかりです。なお、コアは「セントラル・ガードル」とか「パワーハウス」と呼ばれることもあります。

インナーマッスルの代表的なものを紹介しましょう。

・脊柱起立筋……背骨の両脇にあり上下に伸びた筋肉で、背筋をまっすぐ伸ばすときに働きます。

・横隔膜……呼吸に不可欠な呼吸筋のひとつです。しゃっくりすると収縮します。ズボンのジッパーを上げる（お腹をひっこめる）ときに使う筋肉。

・腹横筋……内臓を保護し、脊椎を支えています。腹部を腹巻のように覆う筋肉。

・大腰筋……脚と背骨を前面で斜めにつなぐ筋肉。脚を上げたり下ろしたりするときに使います。

・腸骨筋……脚と骨盤、背骨を前面で斜めにつなぐ筋肉で、大腰筋の外側にあります。脚を上げたり下ろしたりするときに使います。なお、大腰筋と腸骨筋をあわせて、「腸腰筋」と呼びます。

・骨盤底筋群……骨盤の下にあり、内臓や骨盤を支えるハンモック状の筋肉群。排尿を我慢するときなどに使います。

〈深層筋〉

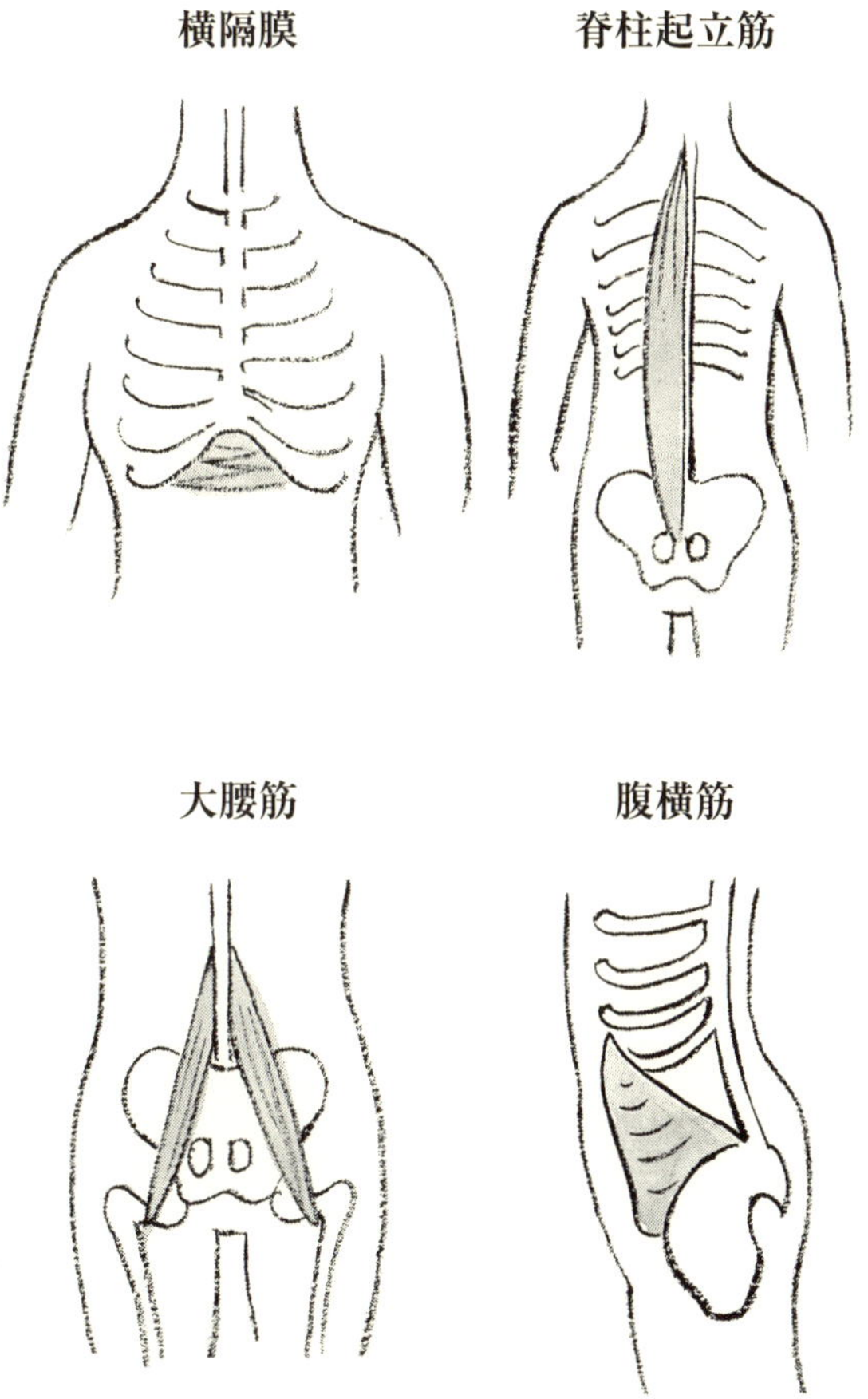

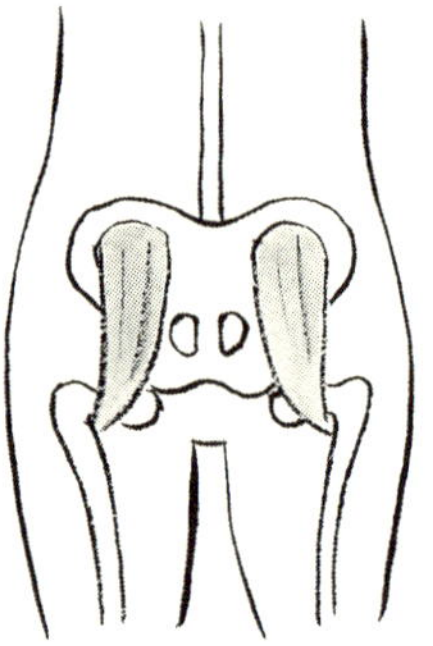

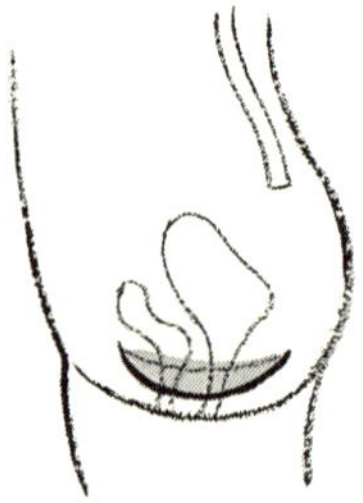

コアのインナーマッスルをきたえると、内臓や骨盤を正しい位置にキープすることができ、身体全体のさまざまなバランスを改善することができます。お腹が引っ込んだり、お尻が引き締まったりとスタイルがよくなるのはもちろん、内臓の機能がアップして代謝もよくなり、内側から健康になることができるのです。また、体幹がしっかりとして日常動作をスムーズにおこなうことができます。

東洋では何千年も昔から臍下《せいか》（おへその下）三寸にある「丹田《たんでん》」が重要だとされてきましたが、多少の概念の違いはあるものの、丹田もコアも身体の中心部を指すことに変わりはありません。中心部をしっかりきたえましょう。

身体のたるみは心のたるみ、メリハリのある身体をつくりましょう

俳優やモデル、ボクサーなら職業柄、極限まで痩せなければいけないこともあるでしょうが、私たちはそれほど痩せる必要はありません。ギスギスに痩せすぎているよりは、顔も体もふっくらしていたほうが美しいでしょう。外国人で体重はそれなりにあっても、姿勢よく堂々とした姿に、素敵だなあと思うことも少なくありません。反対に、若くて体重は少なくても、メリハリのない身体の人もいます。

大切なのは、健康で、無駄のない、動きやすい身体です。人と比べて体重が重いとか軽いということは問題ではありません。数字にとらわれず、自分にとってここちよい体重、体形を知ることが大切です。

そして、メリハリのある身体をつくりましょう。たとえ平均体重でもたるんだハリのない身体では美しくもかっこよくもありません。

身体のたるみは心のたるみ。毎日メリハリのある生活をして、キビキビとした動作で過ごしていれば、おのずとたるみも贅肉もなくなるはずです。

次に挙げるのは、贅肉やたるみの気になるところです。心当たりのある箇所はありませんか？　チェックしてみてください。

・くびれのないウエスト
・おへそから下がポッコリ
・上腕が振り袖状態
・ブラジャーからはみ出した贅肉
・パンツからはみ出したわき腹の贅肉
・背中の肉がしっかりつかめる
・盛り上がった太腿
・縦にも横にも広がったお尻

おもしろいことに、ここに挙げたもののほとんどが、「皮下脂肪測定部位」と一致しています。肥満かどうかを判断するために、厚みを測ってみるところで、全身で6カ所あります。

・上腕背部……肩峰突起と肘頭突起の中点において測定
・肩甲骨下部……肩甲骨下角直下を斜めにつまんで測定
・腸骨陵……腰の腸骨陵のすぐ上をやや斜めにつまんで測定
・大腿……大腿前面の中央線上、膝蓋骨と腰の中点を測定
・腹部……へその右2センチを縦につまんで測定
・胸部……前腋下腺と乳頭を結ぶ線上で、男性は中点、女性は1：2の内分点を測定

何センチ以上が肥満というものではありませんが、自分でつまんでみると、贅肉がついているか、たるんでいるかどうか、ある程度の目安になると思います。

ここの皮下脂肪をチェック

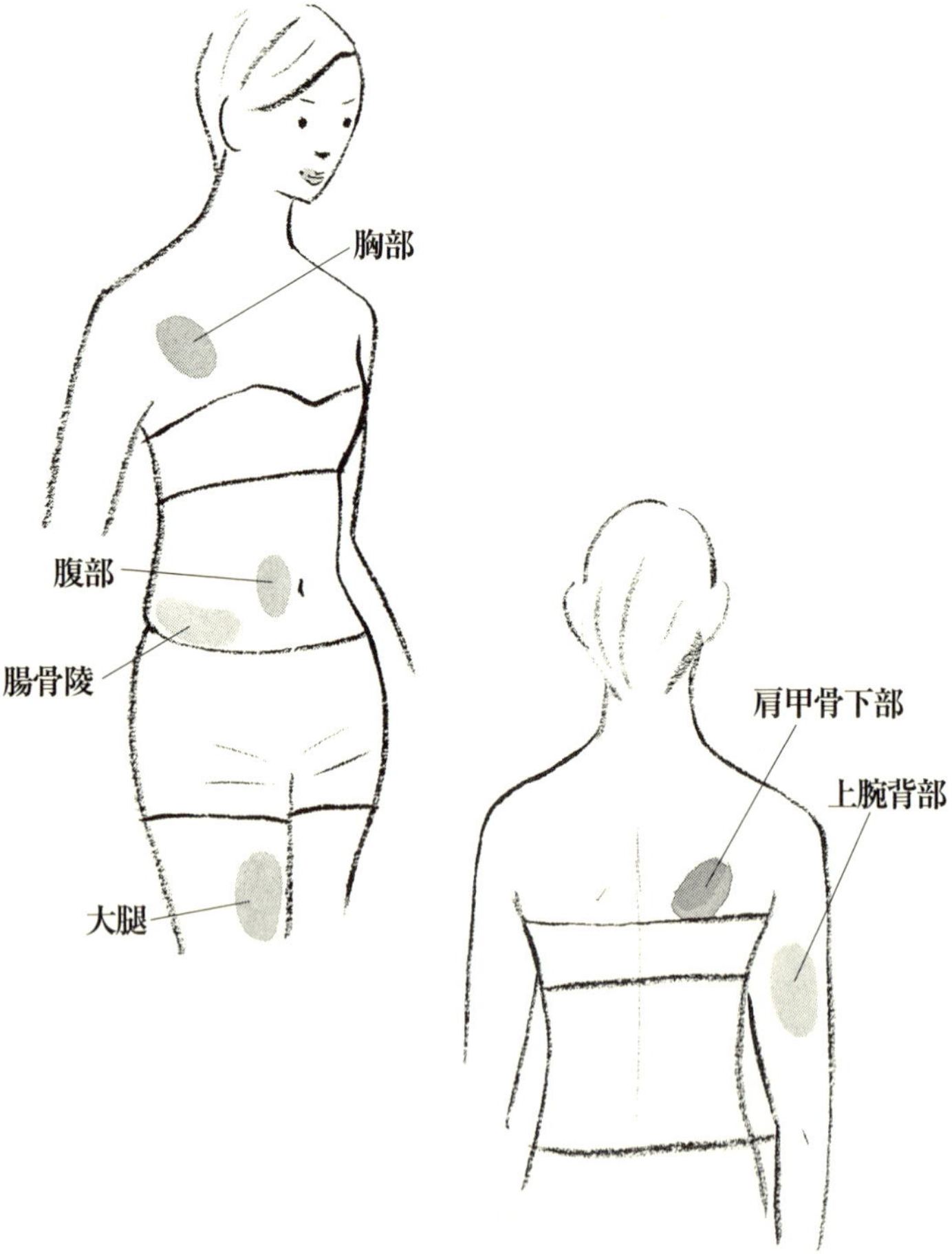

まとまった時間がなくても、日常動作をエクササイズに！

私はこれまでエクササイズの本を何冊か書かせていただきました。

「本を読みましたよ」

「本に載っていたエクササイズ、毎日やっています」

などと声をかけていただくことがあります。カルチャーセンターの生徒さんの中にも、本を読んでから参加してくださった方もいます。うれしいかぎりです。

しかし、その一方で、身体のために何かやらなければとわかっていながら、

「忙しくてなかなかエクササイズの時間もとれない」

「疲れ果てて帰宅すると、もう寝るだけです。なかなかエクササイズやストレッチをする気持ちになれません」

そんな声も耳にすることがあります。たしかに現代人は忙しくて、時間に追われるよう

に毎日を過ごしている。毎日疲れているというのも事実でしょう。

それも身体を使って働いての疲労ではなく、どちらかというと身体をあまり動かさず、頭や神経を使いすぎて疲れているとか、人間関係でストレスがたまっているとか、そういう疲労なのです。

これではいけない。まとまった時間がとれない人、家に帰ってからではエクササイズをやってみる元気が残っていない人。そういう人にも、もっともっと身体を動かす爽快感を知ってもらいたい。そんなふうに思います。

身体を動かすといっても、もちろんただやみくもに走ったり、踊ったりするわけではありません。ただでさえ忙しい、時間がないという人たちですから、たとえ一日に15分でも、エクササイズの時間をつくるのはむずかしいでしょう。

それなら、ふだんの生活を見直してみるしかありません。日常の何気ない生活動作に注目して、この生活動作の動きの質をよくしてみればどうだろう……。

今よりもう少し積極的に身体を動かし、身体活動量を増やす。

立っているときも、坐っているときも、歩いているときも、まず姿勢に気をつける。

家でゴロ寝するより椅子に坐る、電車で坐るなら立つことを選んで、脚力低下を防ぐ。

そんなふうにライフスタイルを少しずつ見直していけば、どんな人でもエクササイズが可能になります。高齢者などでこれまであまり運動らしい運動をしたことのない人でも、日常の生活動作なら親しみやすく、なによりふだんの動作がスムーズになれば、活動的な生活ができ、疲れにくく、生活の質を向上させることができます。さらに身体を動かすことで、脳に刺激が行き、活性化するのです。

もうひとつ、私が多くの人に知ってもらいたいと思うのは、疲れの取り方、力の抜き方です。仕事でも勉強でも同じですが、ただがんばるだけでは続きません。ときには休んだり、リフレッシュすることが必要です。

身体も同じで、上手に疲れを取る、余分な緊張を取る、力を抜くことを覚えると、毎日がより過ごしやすくなります。ストレッチや簡単な呼吸法も紹介しますので、毎日の生活にぜひ取り入れてください。

身体に意識を集中させれば自分の動き、自分の筋肉をコントロールできるようになり、日常生活の生活動作はどれもこれも自分をきたえるためのトレーニングになります。

立つ、坐る、歩く——基本の動作をマスターしましょう

実践に入る前に、立つ、坐る、歩く、この三つの動作についてくわしくお話ししたいと思います。この三つの姿勢・動作は、まさに基本中の基本ともいうべきもの。朝起きてから夜眠りにつくまで、私たちが数え切れないほどおこなっている動作です。

複雑な踊りのステップはいきなり言われてもできませんが、立つ、坐る、歩くという動作を頭で考えながらやったり、脚がもつれて困ったりという人はまずいません。この三つの動作は何も考えたり意識することなく、誰もが毎日おこなっています。

しかし、毎日無意識におこなっているから、ちゃんと正しいやり方をマスターしているかというと、話はべつです。立ち方、坐り方、歩き方をきちんと学ぶ機会はなかなかありませんし、意識することなしにできますから、じつは我流で立ったり坐ったり、歩いたりを粗雑にしている人が多いのです。

立っているとき、坐っているときでは、重心が左右どちらかに傾いていたり、背中が丸まって「猫背」になっていたり、逆に胸とお尻をそらせた「鳩胸でっちり」になっていたり。歩くときでは、外股、内股、ガニ股、すり足、小股でチョコチョコ歩き、左右にブレるペンギン歩き……など、書き出せばキリがないほど、人それぞれの癖があります。モデルさんのように美しく見える必要はありませんが、あまり身体によくない動作を続けていると、あちこちに変形や痛みを生じることもあります。

一度身についた癖、まして自分では自覚していない癖はなかなか直しにくいものですが、この機会にぜひ自分の姿勢・動作を見直し、悪いところがあればぜひ直すようにしてください。自分ひとりで、あるいは家族や友人といっしょに再点検できる方法もご紹介します。基本の動作ができればあとは簡単。ほかのさまざまな日常の生活動作に応用していくことができます。

〈立つ〉

正しく立つことができれば、自然と内腿、お腹のインナーマッスル、背中の筋肉がきたえられます。

正しい立ち方

・足の裏は、親指、小指、かかとの3点をしっかり床につけます。かかとに重心をすべて預けるのではなく、ぐらついたときなどはかかとが浮いてもさっと指先でぐっと支えられるような意識で。
・骨盤から下はしっかり床を押し、膝は曲げず、自然に伸ばします。
・骨盤は左右前後に傾かず、床と平行です。
・息を吐きながら、ズボンのジッパーを下から上に上げていくように、おへそをへこませて、背骨に引き寄せるようなつもりで、お腹とお尻を引き締めます。
・耳を肩からできるだけ離すように首の後ろを伸ばします。
・肩と腕は力を抜いてストンと下げ、胸を開きます。

イメージ

コアから下は下向き、コアから上は上向きの力で引っぱられるように。身体測定でまずウエストを測るとき、私たちはお腹を引き締めます。バストを測るときは、自然と胸を張ります。そして身長を測るとき、少しでも高くなりたいと思うと、自然と背筋を伸ばして

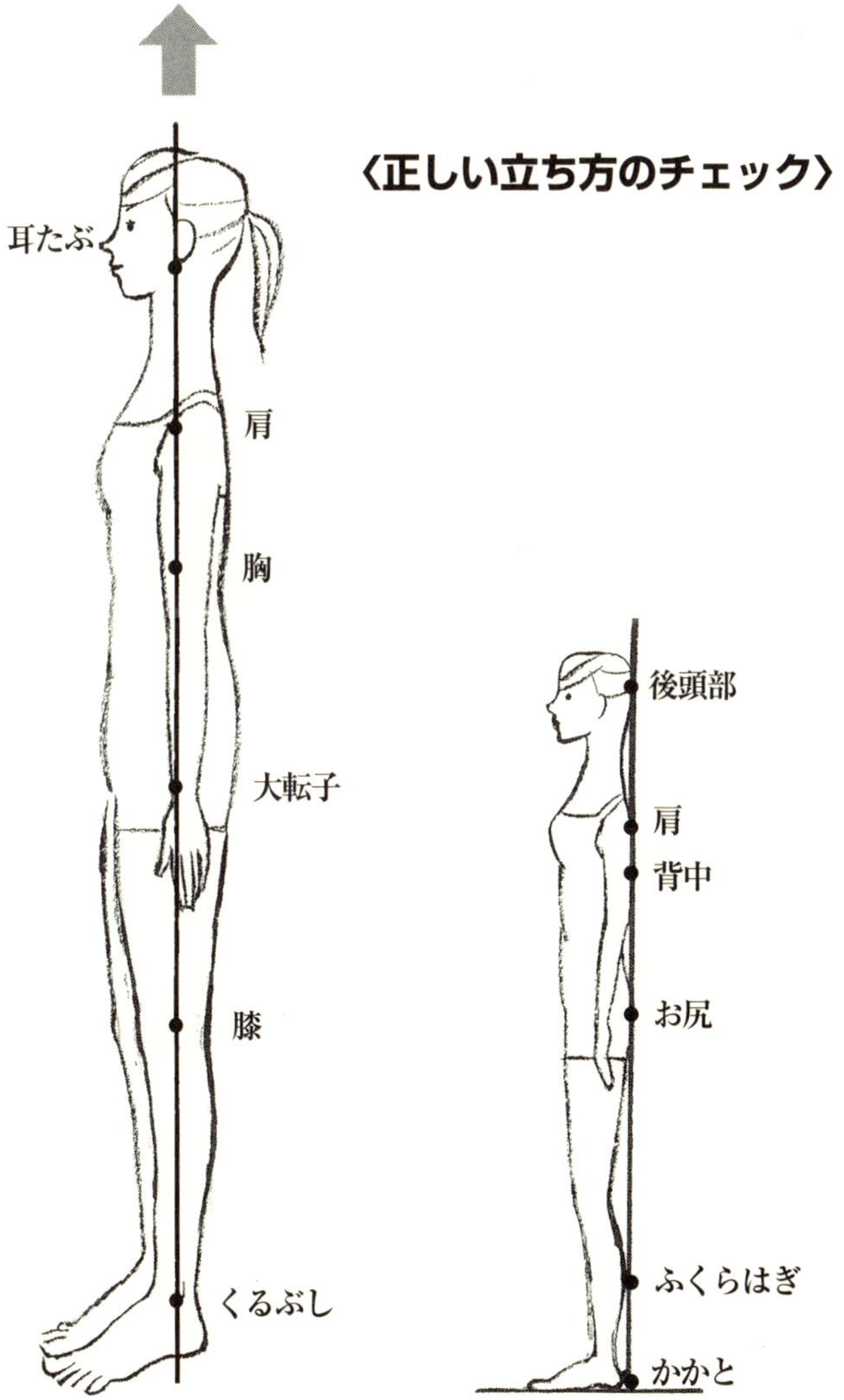
〈正しい立ち方のチェック〉
耳たぶ
肩
胸
大転子
膝
くるぶし
後頭部
肩
背中
お尻
ふくらはぎ
かかと

顎《あご》を引きます。ウエスト、バスト、身長を今測ってもらっていると思うと、正しい立ち方に近づけます。

息を吐きながら糸を通した縫い針をおへそから背骨に、さらに背骨の中心をずっと上へ通して最後は頭のてっぺんから出し、さらに引っぱられているようなイメージで。

ひとりでできる正しい立ち方チェック

壁を利用する場合

壁にかかとをつけて立ち、ふくらはぎ、お尻、背中、肩、後頭部が全部つけば、まっすぐ立っています。

大きな鏡を利用する場合

全身が映るような大きな鏡がベスト。鏡の上のほうに糸をセロテープで貼り付け、五円玉か五十円玉を錘《おもり》としてつけると、糸が地面に対して垂直になります。横向きの立ち姿を映してみて、背骨が自然なS字カーブを描きながら、耳たぶ、肩、胸部の中央、大転子(脚のつけ根)、膝、くるぶしが一直線上に来ているかどうかチェック。

ウエストではなく骨盤のあたりに目立つ色のベルトや長い布を巻いてみると、骨盤がまっすぐか、傾いていないかをチェックすることができます。

〈肩、腰、骨盤、膝の
左右の平行線をチェック〉

5円・50円玉をつるす

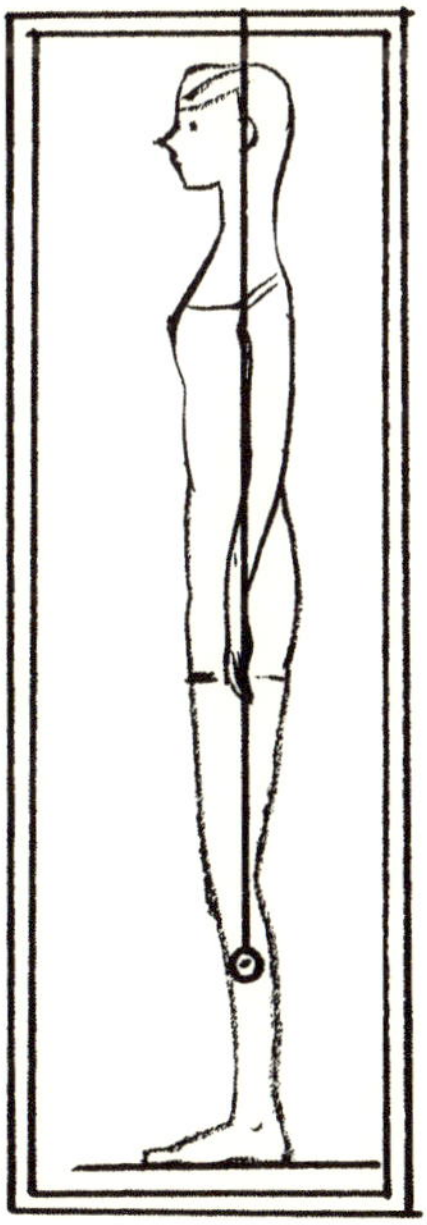

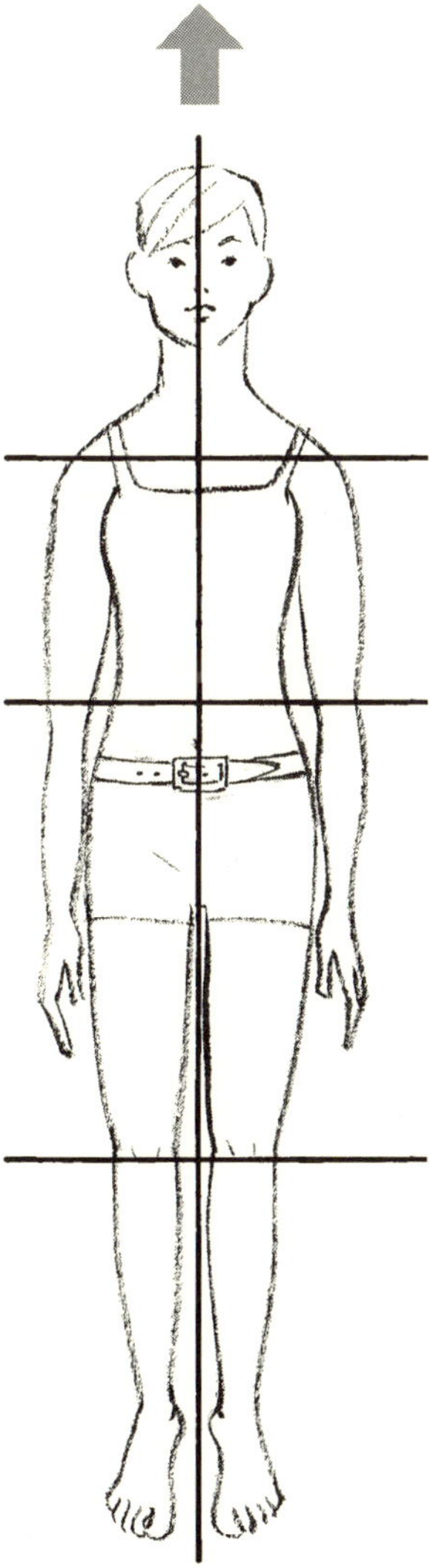

〈坐る〉

基本の坐り方を覚えましょう。お腹のインナーマッスル、太腿、背中の筋肉をきたえることができます。

正しい坐り方

・椅子に深く腰かけ、立つときと同様、両足をそろえて足の裏をしっかりと床につけます。
・膝をくっつけるように閉じ、脚はまっすぐ下に、膝が直角になるように坐ります。
・上体の重さを左右の坐骨に均等に乗せます。
・立つときと同じ要領で、息を吐きながら、ズボンのジッパーを上げるようなつもりで（おへそを背骨に引き寄せるイメージで）お腹をへこませます。
・耳は肩からできるだけ離し、首の後ろをしっかり伸ばします。
・肩はリラックスして力を抜き、胸を開きます。
・背骨は自然なS字カーブを描き、横から見て、耳たぶ、肩、胸部の中央、大転子（脚のつけ根）が一直線上に来るようにします。

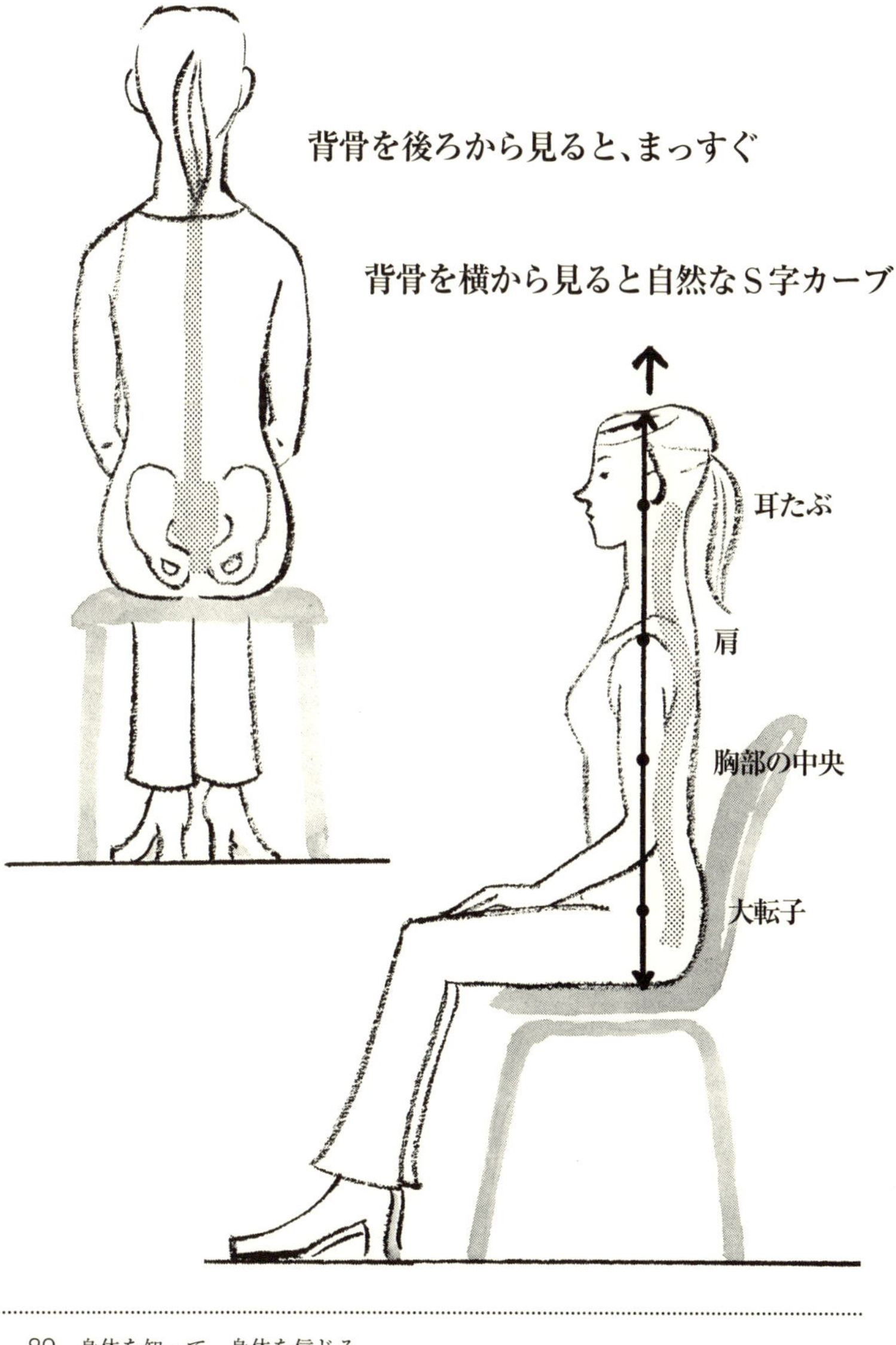
背骨を後ろから見ると、まっすぐ
背骨を横から見ると自然なＳ字カーブ
耳たぶ
肩
胸部の中央
大転子

ひとりでできる正しい坐り方チェック

・背もたれが座面に対して直角で、かたい椅子に坐ってみます。お尻、背中、肩、後頭部が背もたれにきちんとつけば、正しい坐り方ができています。

応用の坐り方

・脚を組むときも、骨盤（坐骨）が座面から浮いてしまわないように気をつけます。

・脚はまっすぐ下に伸ばすのが基本ですが、写真を撮るときなど、膝から下の脚を前に出すと、長く見えます。

〈歩く〉

歩くという動作はもっともシンプルなエクササイズです。私たちが生活するうえで、欠かせない基本動作でもあります。ウォーキングが流行していることからもわかるように、有酸素運動としてもひじょうに効果的。正しい歩き方をマスターしましょう。

正しい歩き方

・正しい立ち方から、片足を一歩前に出します。このとき膝を伸ばして、かかとから着地します。
・着地した前足に体重を乗せます。
・今度は後ろの足の指で地面を蹴りながら、一歩前に出します。以後、この繰り返しです。
・視線は前向き。顎が地面と平行になるようにして、上を向いたり下を向いたりしないようにします。胸にも顔があるつもりで、前向きで猫背にならないように注意します。
・歩幅は大きめを心がけます。リズミカルに、地面を押して重心を前に出した足に移しかえていきます。
・頭が先に、あるいは足だけ先に前に出すのではなく、腰から歩くつもりで。

ひとりでできる正しい歩き方チェック

・一本の線上を歩いているかチェックします。石畳の歩道など、まっすぐの線があるところを利用します。つま先は線上より少し外向きでかまいませんが、左右のかかとが一直線上に乗っているか、チェックしてみましょう。

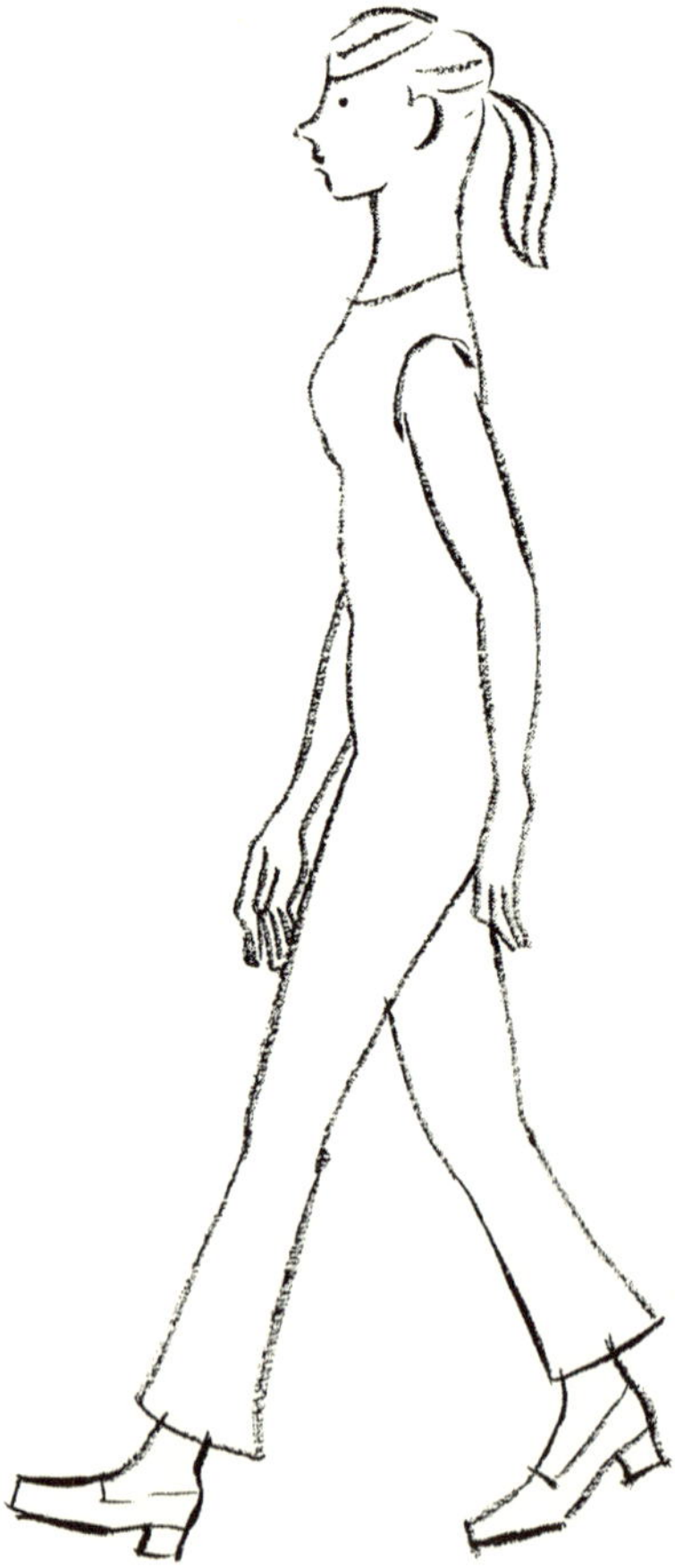

・重心移動を点検しましょう。まず、片足を一歩前に出すために足を上げた状態で止まってみて、ぐらつきませんか？　次に前に出した足に体重を乗せたところで、ふっと止まってグラグラしないかをチェックします。

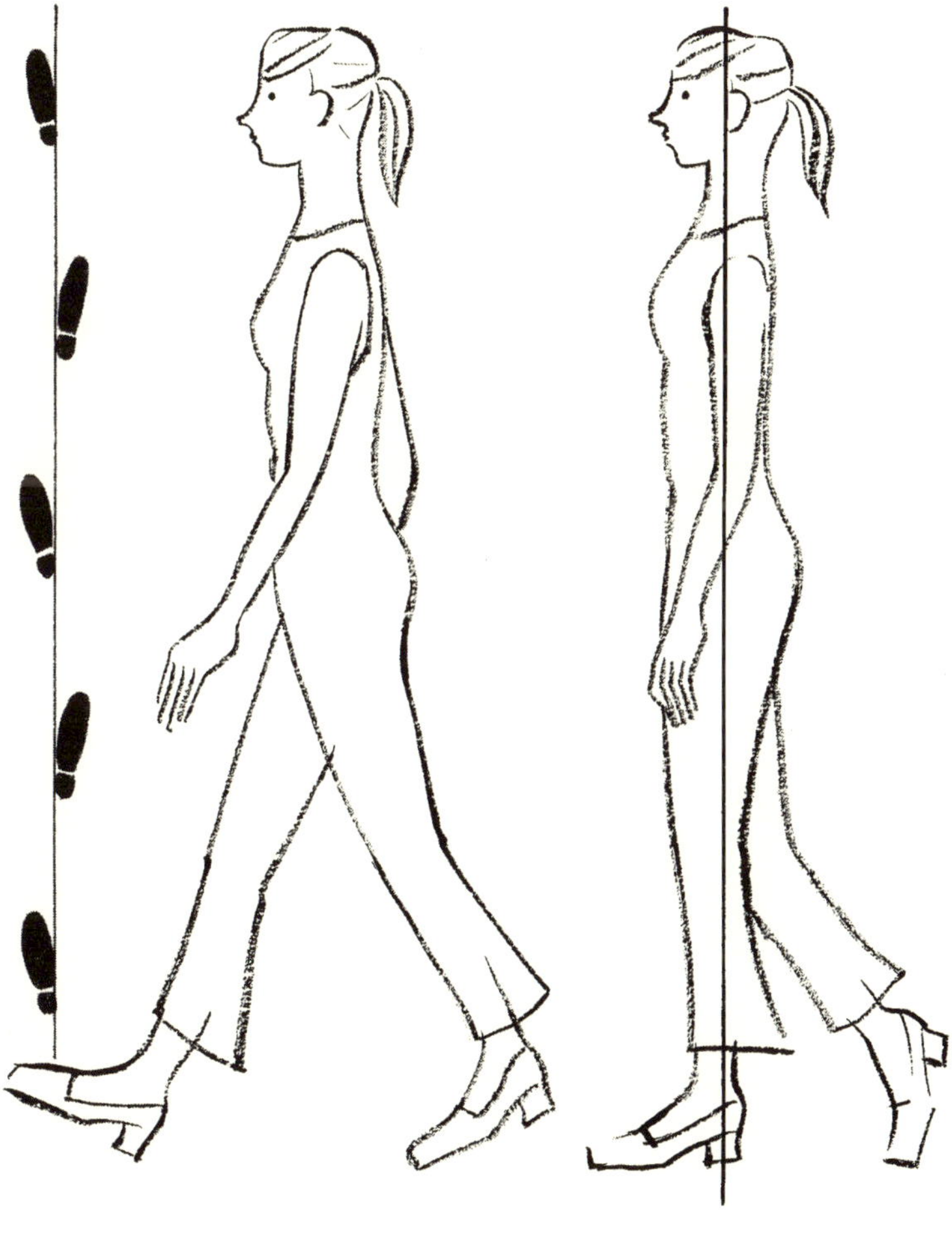

片足で立つとグラグラする人のためのエクササイズ

・足首をやわらかくするために、かかとの上げ下げや膝をゆるめる練習をおこないましょう。

・「抜き足差し足忍び足」……脚をしなやかに使うために、音を立てないでそーっと歩く練習をしてみましょう。たとえが悪いのですが、ドロボウが忍び込むときにペタペタ音を立てていてはすぐに気づかれてしまいます。音を立てずに歩くためには、足首の柔軟性は

〈重心移動チェック〉

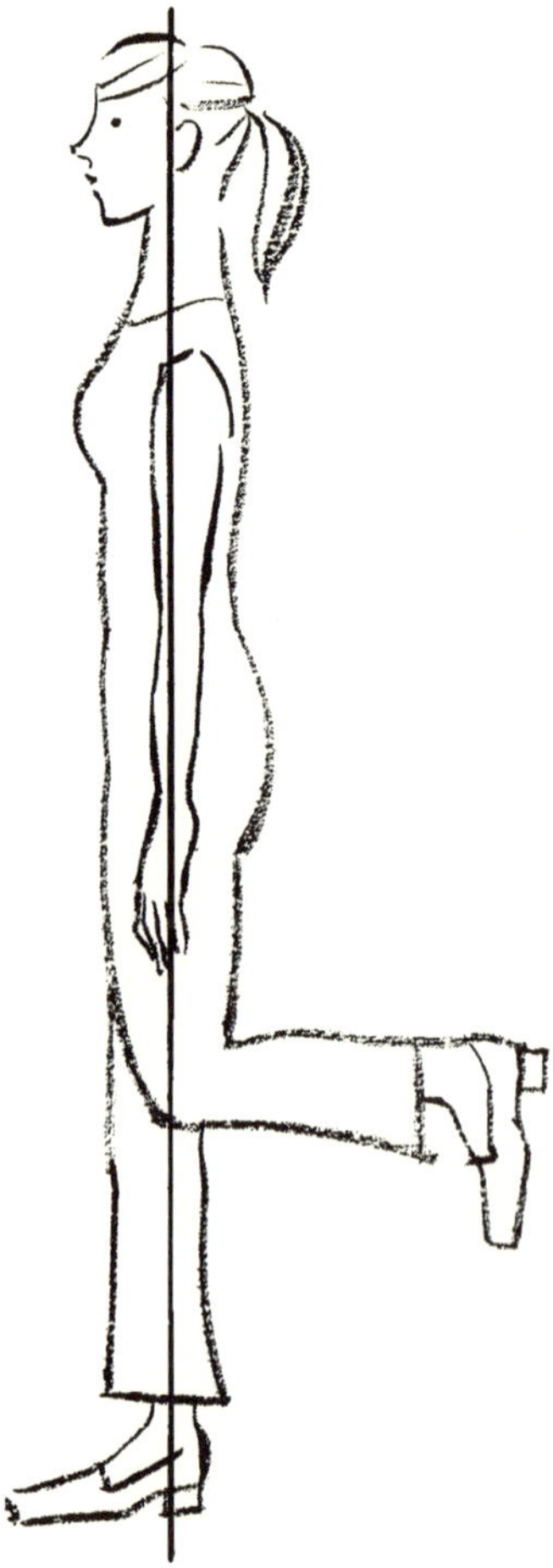

〈かかとの上げ下げと膝をゆるめる練習〉

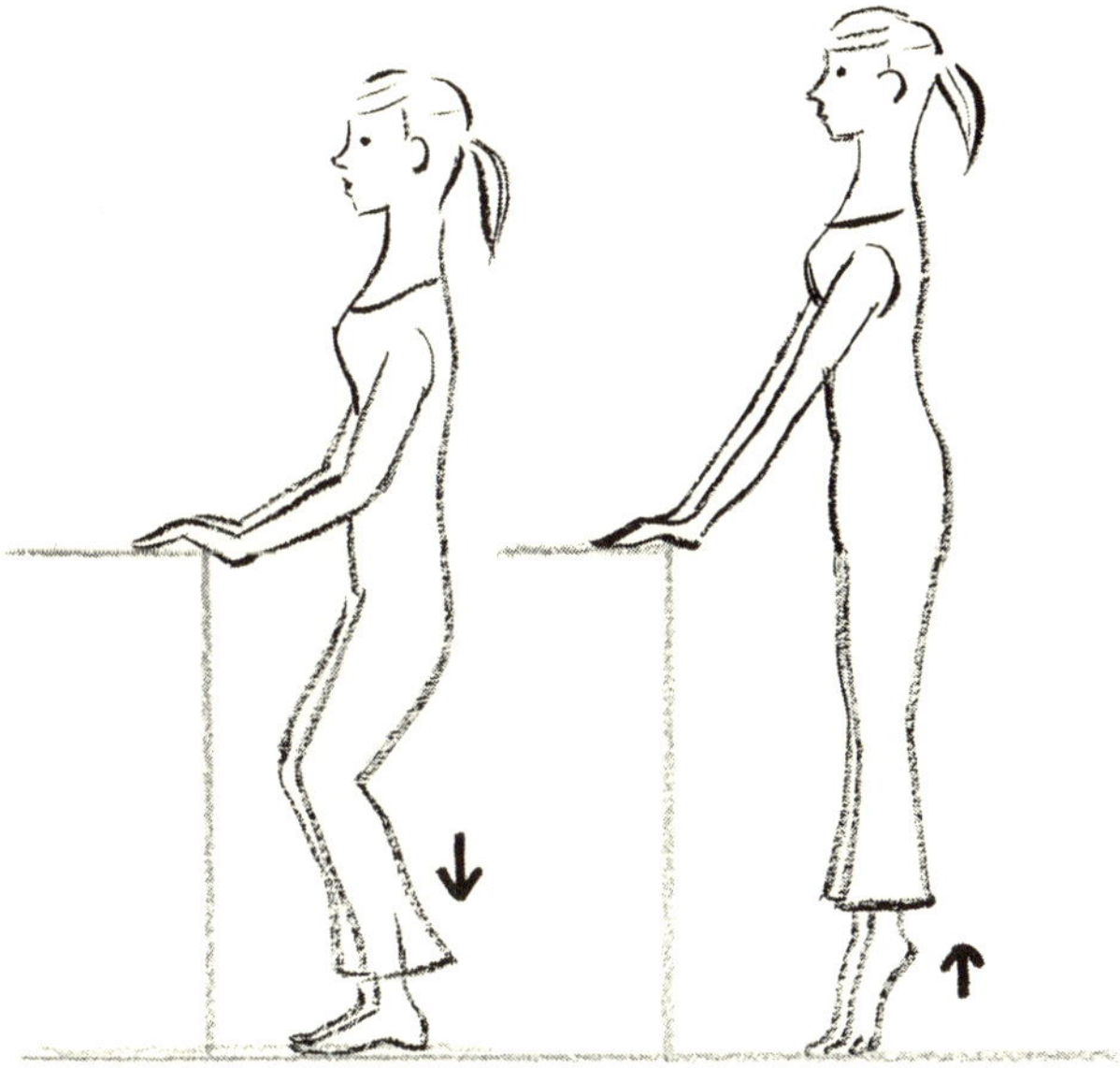

〈抜き足、差し足、忍び足〉

もちろんですが、腹筋や背筋をはじめとする全身の筋肉を使っていることがわかります。

抜き足差し足……をイメージして、歩いてみましょう。

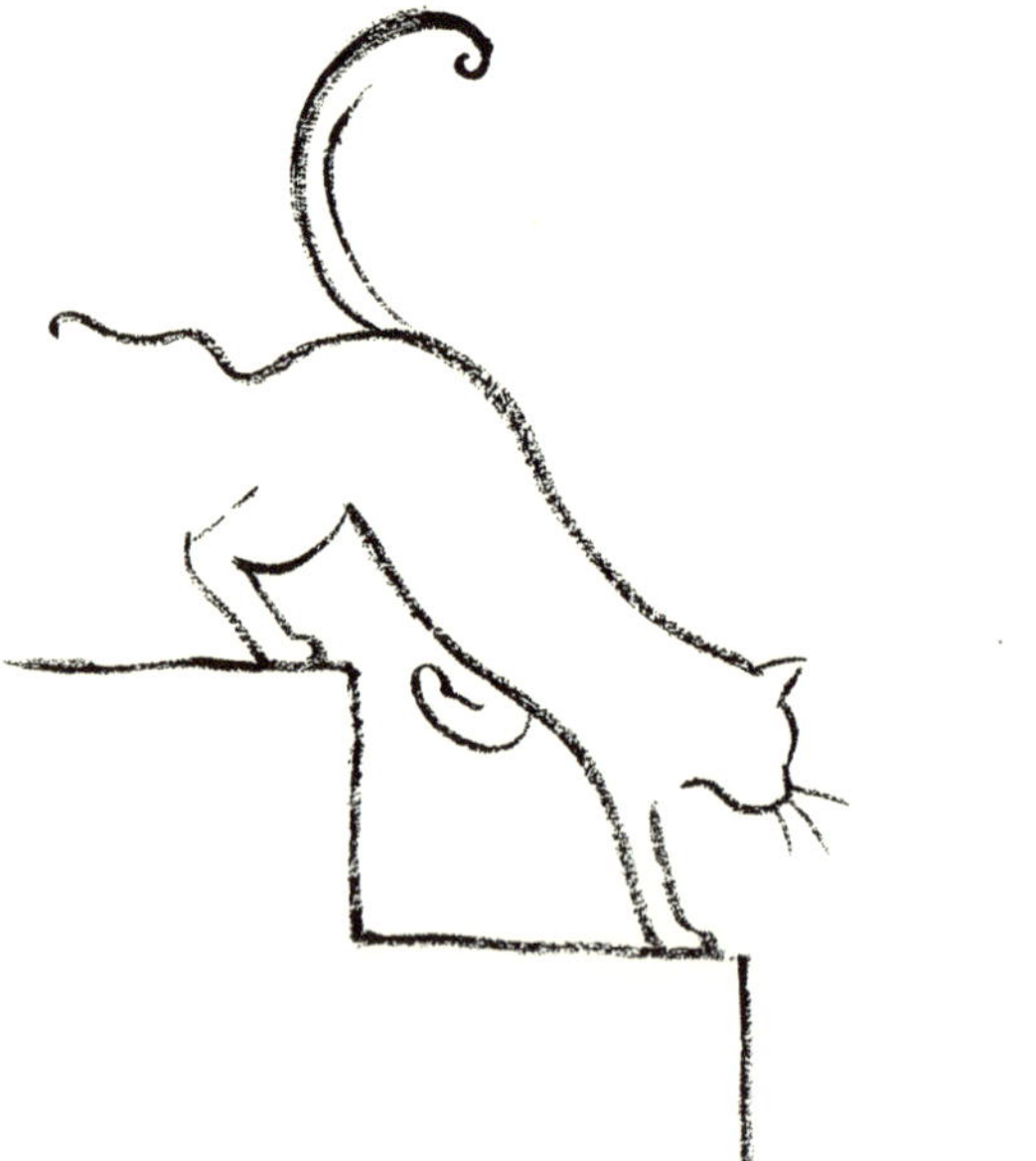

日常動作をエクサイズに

実践篇

毎日の生活や行動を見直し、朝から晩まで無意識におこなっている動作やしぐさに意識を向けましょう。日常動作、生活動作をエクササイズに変えるコツをご紹介します。

外で働くOLのA子さんと、家で家事をする主婦B子さんの一日から、代表的な動作をあげてみました。ご自分の生活パターンに合わせて、あてはまる動作を選んで、ご覧になってください。

また、わざわざ何か特別な器具を使わなくても、身近にあるものを利用してできるエクササイズもご紹介しました。できそうなものから、どんどん毎日の生活に取り入れてみてください。

さらに、表情をイキイキさせて顔や首すじをスッキリさせる「フェイス・エクササイズ」と、私がカルチャーセンターなどで実際に生徒さんに指導している「山岡式エクササイズ」もいくつか載せてあります。週末など時間があるとき、ぜひチャレンジしてみてください。

なお、身体のどの部分に効果があるのかは、イラストの中にアミで示してあります。

OL・A子さんの一日

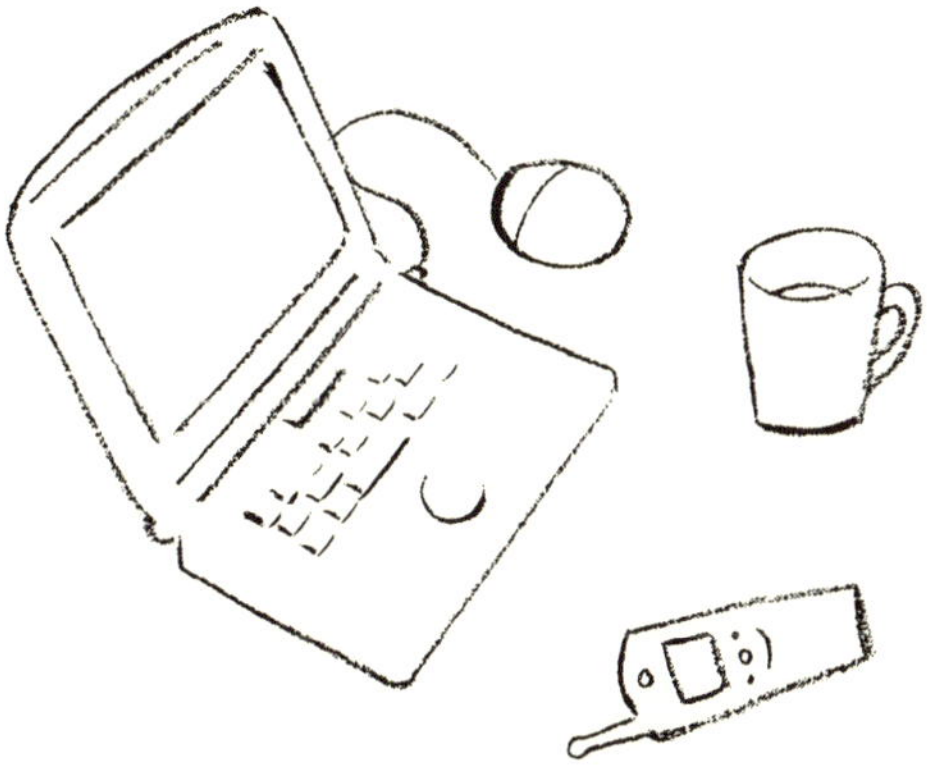

一日の大半が通勤や会社でのデスクワークに費やされるOLのA子さん。仕事が終わったあとにお酒を飲む機会も増えました。そのせいか、十代のときに比べて、最近ちょっとウエストまわりが気になり始めています。

なんとかしなくちゃいけないと思いつつ、悩みもまだそれほど切実ではないので、実行に移せずにいます。

そんなA子さんなら、通勤時間や仕事の時間にもこっそりエクササイズを取り入れましょう。朝晩の家での時間はもちろん、乗り物の中やデスクに向かっているときの動作も、エクササイズにしてしまいましょう。あわせて疲れを上手に取りのぞくリラックス法も紹介します。

朝のベッドの上で

朝、ほんの少し時間に余裕をもって起きれば、ベッドの上でも簡単なストレッチができます。一日を気持ちよくスタートさせましょう。

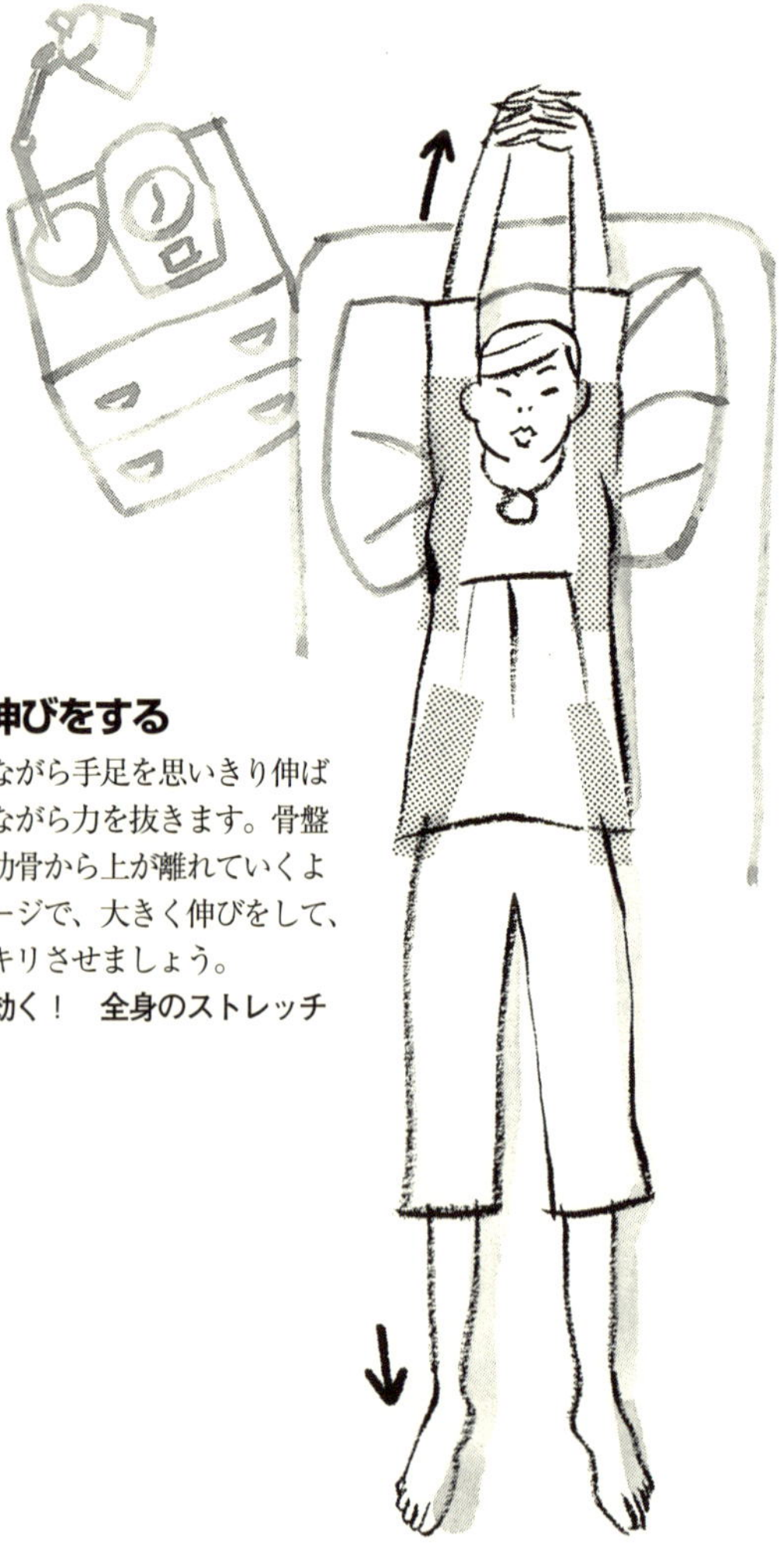

大きく伸びをする

息を吸いながら手足を思いきり伸ばし、吐きながら力を抜きます。骨盤から下と肋骨から上が離れていくようなイメージで、大きく伸びをして、頭をスッキリさせましょう。

＊ココに効く！　全身のストレッチ

膝を立てて上体伸ばし

膝を曲げて、上半身だけ左右に揺らしながら伸びましょう。
＊ココに効く！
脇、ウエストのストレッチ

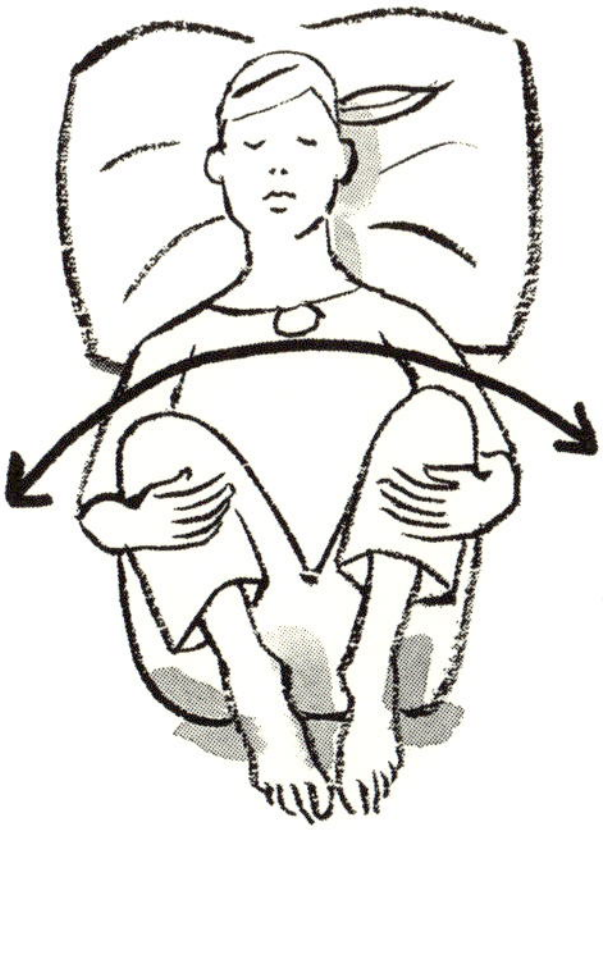

膝を抱えてゆらゆら

膝が少し開いた状態で、両膝を抱えます。頭は浮かさず、骨盤を左右に揺らし、腰をほぐします。
＊ココに効く！　腰のストレッチ

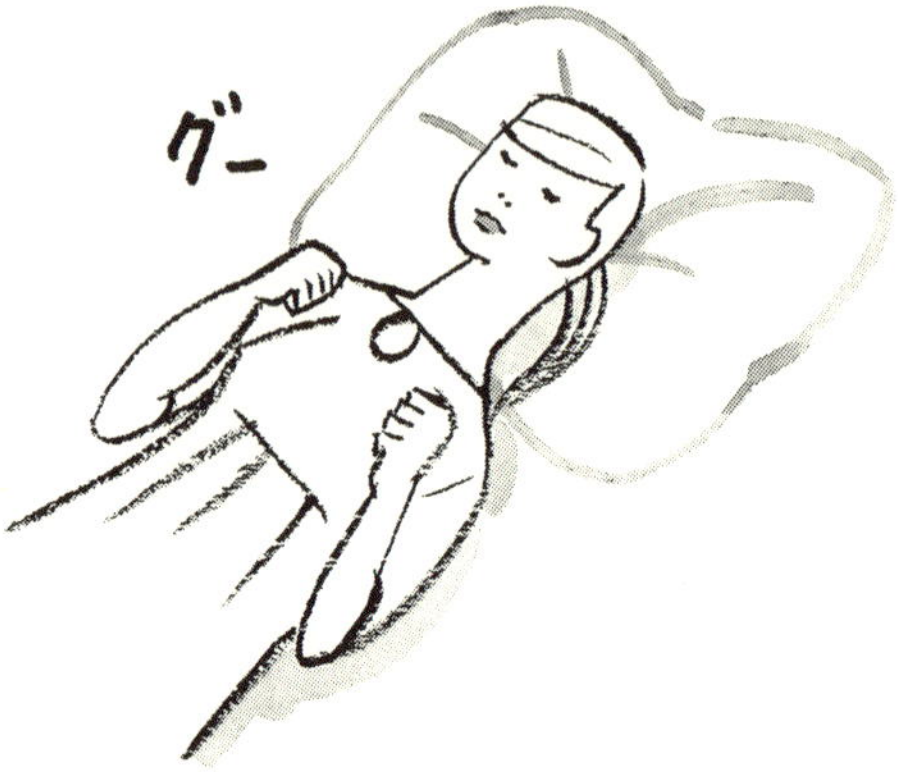

グーパー

両腕を「グー」で縮め、「パー」で天井に向かって大きく伸ばします。息はグーで吸って、パーで吐きます。

＊ココに効く！
指と腕のストレッチ

洗面所で歯を磨く

背筋を伸ばし、歯ブラシをしっかり握り、動かします。利き手でないほうの手も使いましょう。電動歯ブラシは便利ですが、手を使うことも大切です。

＊ココに効く！

腕、お腹、内腿、背中など

余裕があれば、歯磨きしながらバレエの「プリエ」をおこないます。足を開いて立ち、両かかとを床につけ膝とつま先は同方向に外を向けます。上体はできるだけ上に引っぱられるように保ち、お尻を突き出さないようにしながら、膝をゆるめて曲げていきます。ゆっくり繰り返しましょう。

＊ココに効く！

内腿、お腹、背中、腕など

顔を洗う

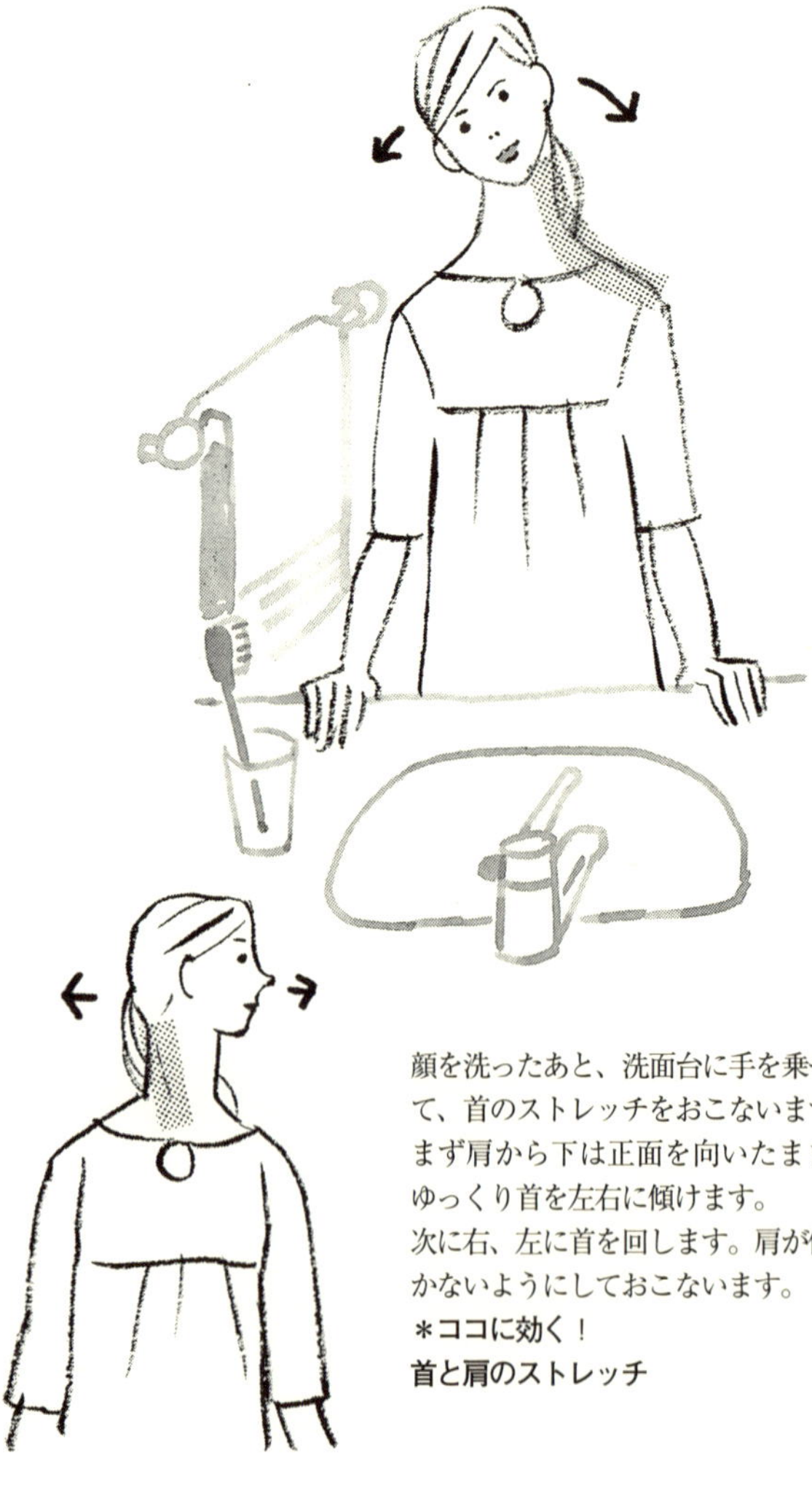

顔を洗ったあと、洗面台に手を乗せて、首のストレッチをおこないます。
まず肩から下は正面を向いたまま、ゆっくり首を左右に傾けます。
次に右、左に首を回します。肩が傾かないようにしておこないます。

＊ココに効く！
首と肩のストレッチ

トイレの中で

①洋式のトイレの便座に坐っているとき、息を吐きながら、片脚ずつつま先まで伸ばします。そのまま10秒キープ。

＊ココに効く！　太腿の前側

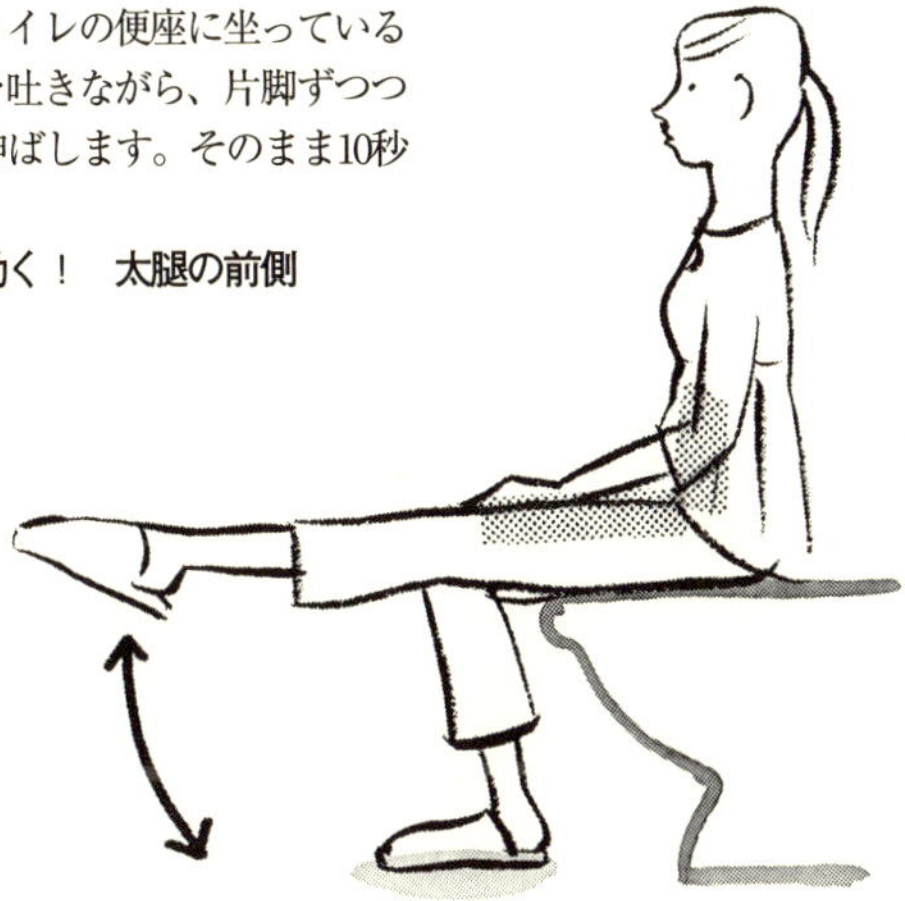

②トイレを済ませてから、便座から立ち上がって、再びしゃがんで、坐ったら、すぐ息を吐きながら、お尻を浮かせ立ち上がります。ハーフスクワットです。

＊ココに効く！　お腹、太腿

朝食を食べる

足をそろえ、椅子に深く腰かけます。猫背にならないよう背筋はまっすぐにし、肘をつかないように気をつけます。カップやスプーン、フォークなどに口を近づけていくのではなく、上体をまっすぐのまま少し前に傾けて食べます。

＊ココに効く！　お腹、背中

着替え

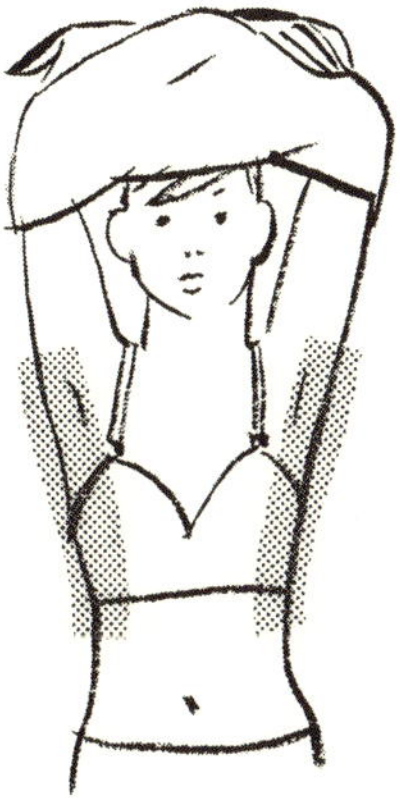

トップの着替え

肘や脇を伸ばして、肩の可動域を広げるように、動作を大きく脱ぎましょう。

前開きのものは胸を開いて、肘を後ろに回して腕を抜きます。

かぶりものは、腕をクロスさせて裾を持ち、息を吸って大きく上に伸び上がるように脱ぎます。
＊ココに効く！
腕、肩、胸のストレッチ

ボトムの着替え

立ったまま片脚ずつ膝を上げて、着ます。上体は自然なCカーブを描き、腰は絶対にそらせないようにします。ソックスやストッキングも同じ要領で。

＊ココに効く！　お腹、お尻、大腰筋、太腿

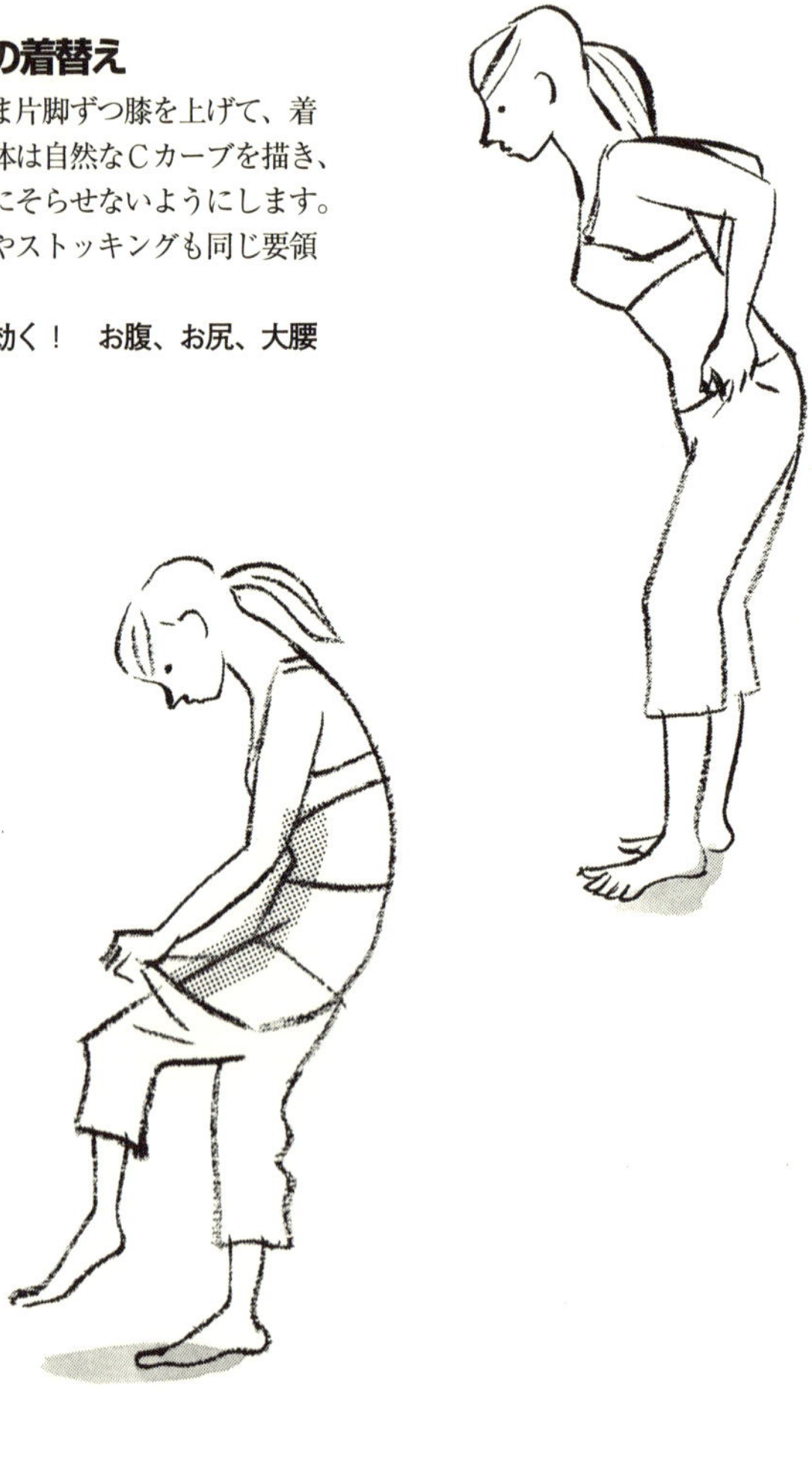

立っていると転びそうな場合は、椅子に腰かけて片脚ずつ上げて着替えます。お腹から脚を上げて、はきながら最後に膝を伸ばします。

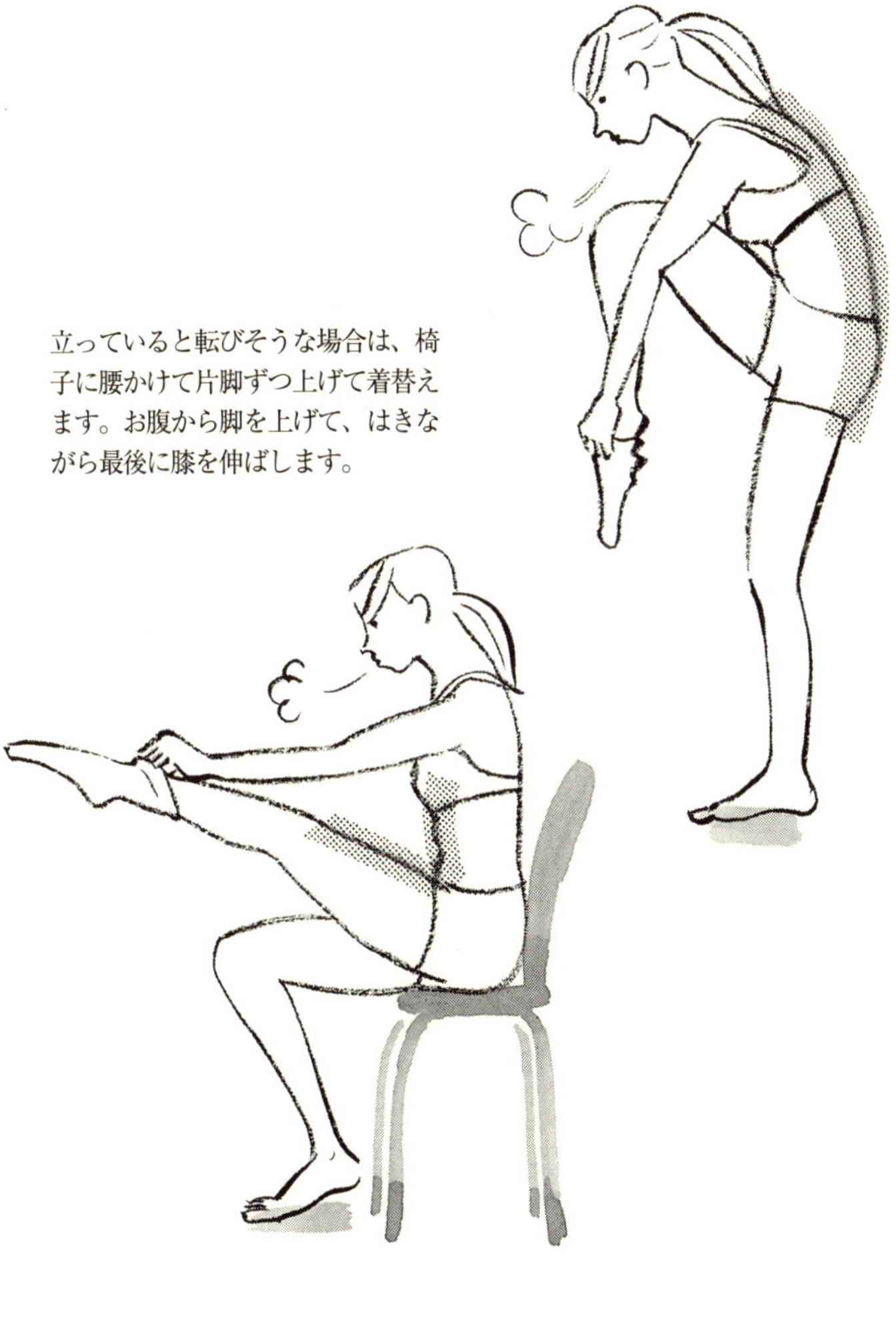

鏡の前で

立っていても坐っていても、背筋はまっすぐ。首の後ろでネックレスをつけたり、髪を束ねたり、あるいは洋服の後ろのファスナーを上げたりする動作は、肩の関節の可動域を広げます。ブラッシングは、反対側のサイドに手を回して髪をとかすと、いいエクササイズになります。利き手でない手もどんどん使いましょう。

＊ココに効く！　肩、二の腕のストレッチ

出かける前に、鏡の前でメイクや洋服をチェック。ウエストをツイストして後ろ姿をチェックしましょう。
＊ココに効く！　ウエスト

電車で立つ

電車で立つのはいいエクササイズになります。坐れなくて損をしたと思うのではなく、立つことを積極的に楽しみましょう。

バランスで立つ

手すりやつり革は軽く持って、電車の揺れを感じながら、バランスをとります。足の裏の重心が今どのへんにあるか、背骨がしっかり軸になっているか、お尻を突き出していないか、感じ取りましょう。肩や首の後ろに力が入っていないか、背筋がまっすぐかどうかなど、自分の身体と対話しましょう。

＊ココに効く！　バランス感覚

つり革エクササイズ

足はしっかりと床を押します。つり革を持ち、懸垂をおこなうように下に引っぱる力でお腹をギュッと上げ、お尻も引き締めます。息を吐きながら10秒ほど引き締めたらリラックス。何度か繰り返しましょう。

＊ココに効く！　お腹、背中、お尻、二の腕

かかと出し

片足を一歩前に出し、かかとをつけて伸ばします。ヒールの高い靴をはいている人はアキレス腱がずっと縮んだ状態なので、とくに念入りに伸ばしましょう。

＊ココに効く！　アキレス腱、ふくらはぎのストレッチ

電車で坐る

①座席に深く、膝をそろえて坐ります。腹式呼吸で息を吐きながらおへそを背骨に押しつけるように、お腹を引き締めます。
②息を吐きながら、きちんと膝を閉じるように内腿に力を入れます。吸いながら少しリラックス。
③慣れてきたら、①②同時に（お腹と内腿、両方いっしょに）おこないます。
＊ココに効く！　お腹、背中、腿の内側、骨盤底筋群

階段やエスカレーターで

階段とエスカレーターがあれば、元気に階段を選びましょう。もちろん、エスカレーターでもできるエクササイズがあります。

階段を上る

まず片足を一段上に乗せ、残った足のつま先で階段を押し上げながら、この足を今度は一段上に乗せます。上体は真上ではなく、階段の斜面に沿って平行に移動するつもりで、やや前傾させて（背筋を伸ばして）上ります。頭の先が斜め上から引っぱられているようなイメージです。視線は落とさず、前を見て颯爽と上りましょう。

＊ココに効く！　ふくらはぎ、太腿の前側

階段を下りる

頭を上に残したまま片方の膝を曲げて、もう一方のつま先から一段下ろします。股関節の足のつけ根をしっかり伸ばしましょう。階段の斜面に沿って移動するように、上体はやや反りぎみで、視線はできれば前向きに。下りるときはゆっくりのほうが、安全で、しかもいいエクササイズになります。

＊ココに効く！　ふくらはぎ、足のつけ根、太腿の後ろ側

上りエスカレーターに乗る

片足をステップの端に引いて、はみ出したかかとをぐっと下げます。かならず手すりを持っておこないましょう。

＊ココに効く！　ふくらはぎのストレッチ

バスや電車を待つ

ちょっとした待ち時間にもやる気次第でエクササイズは可能です。

基本の立ち姿勢から片足を少し後ろに引いて、ほんの少しだけ上に持ち上げ、お尻をキュッと締めます。バランスをしっかりとりましょう。反対側の足も忘れずに。

＊ココに効く！　お腹、お尻、太腿の裏側

デスクに向かって

デスクワークで坐りっぱなしの時間が長い人は、ときどき身体を動かさないと、血行が悪くなり、肩こりや腰痛の原因になってしまいます。何気なくできるエクササイズやストレッチで、身体をほぐしましょう。

隣の席の人と話す

回転椅子を回すのではなく、自分の上体をひねります。骨盤を座席から浮かさず、肩が床と平行のまま、ねじりましょう。

＊ココに効く！　ウエスト

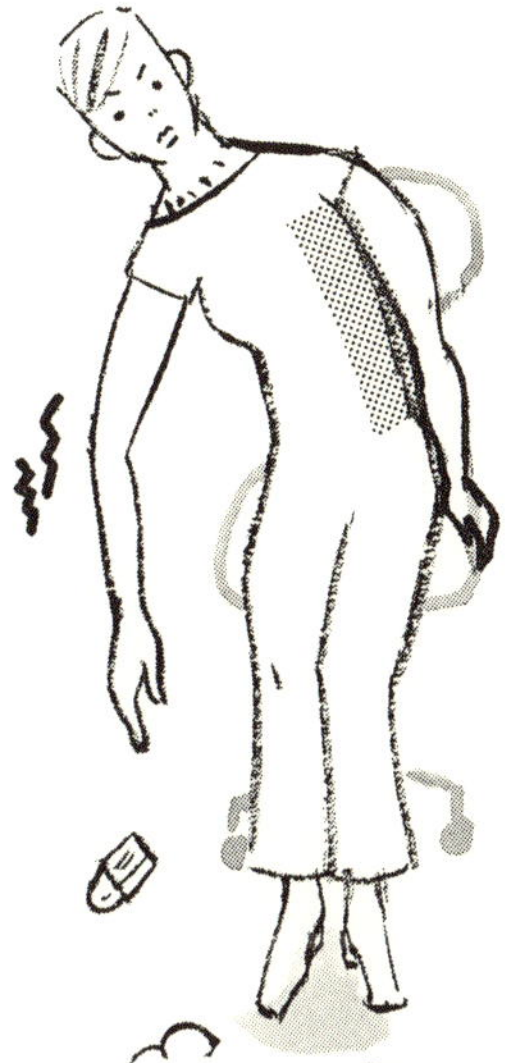

横に落とした消しゴムを拾う

横に落ちたものを拾うときは、椅子から骨盤をできるだけ浮かさないで、片手を下に伸ばします。反対側の手は肘かけや座面を持っていてかまいません。

＊ココに効く！　体側のストレッチ

前に落とした鉛筆を拾う

拾うついでに、腰を伸ばしましょう。息を吐きながら、背中をCの字のようにカーブさせて前屈します。

＊ココに効く！
背中と腰のストレッチ

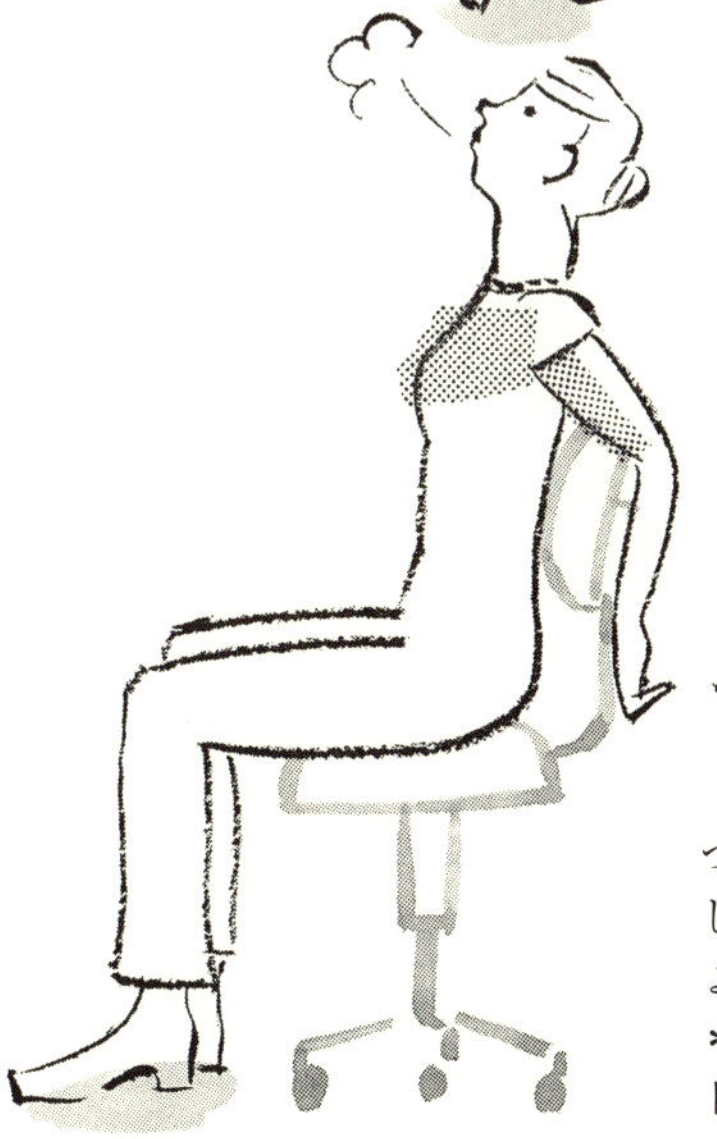

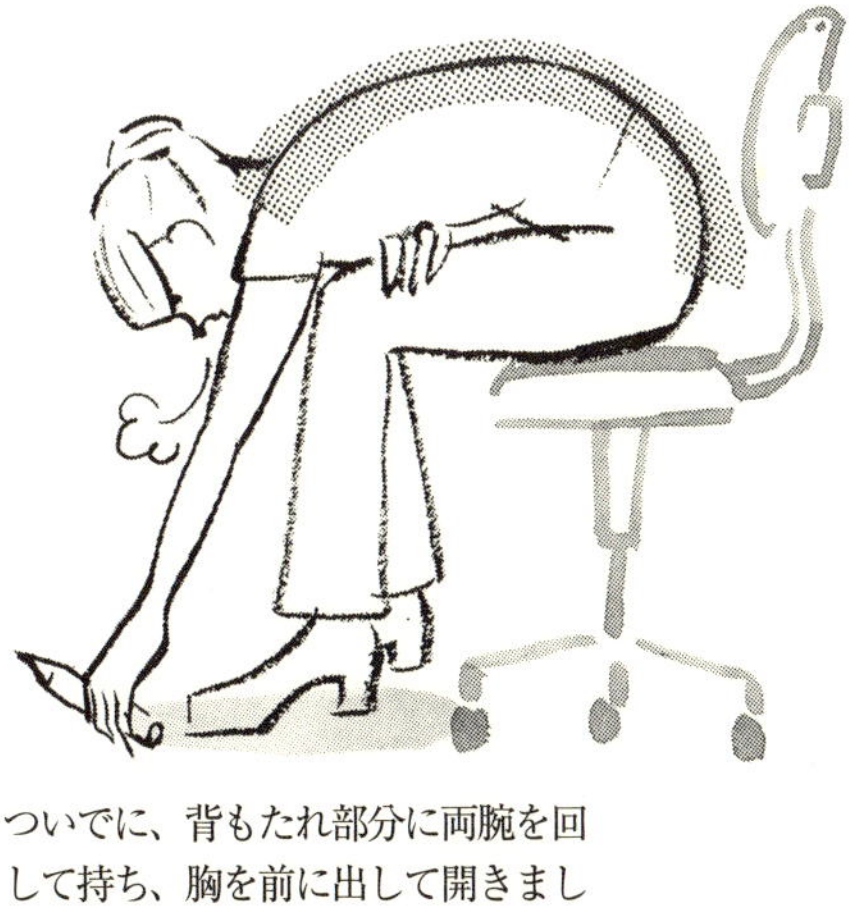

ついでに、背もたれ部分に両腕を回して持ち、胸を前に出して開きましょう。

＊ココに効く！　胸、上腕、肩のストレッチ

パソコンの前で

画面を眺めているときなど、手の作業が少し休憩できるときは、脚を動かしましょう。

①片脚を前に出して、お尻を突き出すようにして上体を前傾させます。反対側も同じように。
＊ココに効く！
脚の裏側のストレッチ

②両手を椅子について、息を吐きながら両足を上げて10秒キープ。
＊ココに効く！　お腹

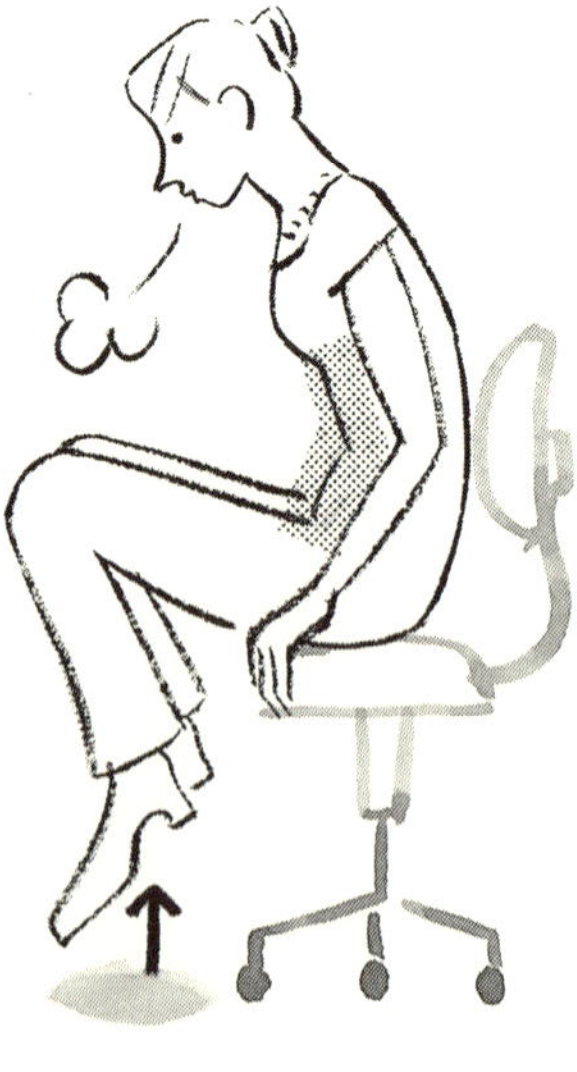

コピーを取りながら

同じ書類を何十枚、何百枚もコピーするとき、ただ待っていては退屈です。片足を後ろに引いて、両手でコピー機や壁を押しながら、つま先を正面にしてかかとをつけます。前足を曲げ、膝がつま先より前に出ないように注意して歩幅を開きます。

＊ココに効く！　ふくらはぎのストレッチ

お茶を運ぶ

前かがみにならず、背筋を伸ばしてお盆を運びます。脇をしめて肘を少し後ろに引くようにして持ちましょう。

＊ココに効く！

背中、お腹、二の腕

重い物を運ぶ場合も、できるだけ身体に近づけて持つと腰に負担がかかりにくくなります。

会議のとき

鼻呼吸

鼻からゆっくり吸って（4カウント）、鼻からその倍の時間をかけて吐きます（8カウント）。ゆっくり吐き出すと、次に吸うときに新鮮な空気を肺いっぱいに取り込むことができます。

＊ココに効く！　リラックス、気分転換など

立ち仕事が多い人は……

デスクワークではなく、デパートの店員さんなど立ったままの仕事が多い人は、脚のむくみや腰痛が心配です。ふだん正しい姿勢で立っているか、チェックしましょう。
・足の裏でしっかり床を押す。
・コア（丹田）に力を込めて上体は力を抜く。
・頭のてっぺんが天井から引っぱられるように意識する。
また仕事の合間や休憩時間には、意識的にエクササイズやストレッチをおこないましょう。

円を描く

片足ずつつま先で床に円を描きます。

＊ココに効く！

股関節をほぐす

腿上げ

息を吐きながら片脚ずつ腿を上げて、両手でさりげなくタッチ。右、左、右、左…と交互に。

＊ココに効く！　脚の血流改善

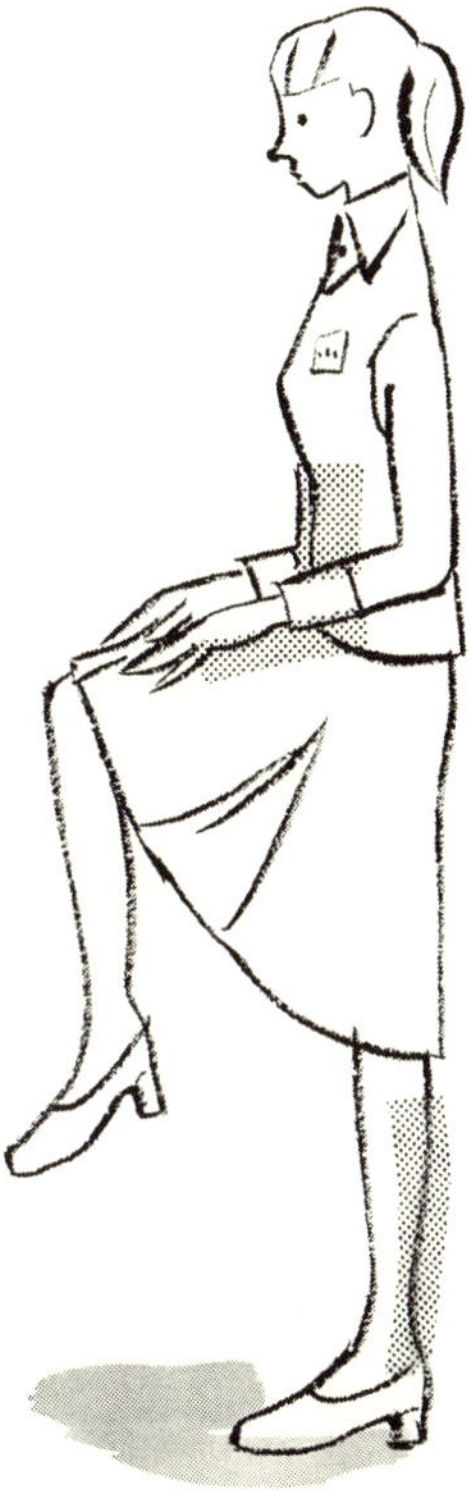

足首回し

片手で何かにつかまり、足首を数回まわします。反対回しも数回。終わったらもう片方の足首も同様に。

＊ココに効く！
足首をほぐす

立禅

立ったままリラックスする方法です。膝を少し緩めて、コア（丹田）を引き締めて、あとは力を抜きます。ゆっくりと息を吸って、吐き出します。足の裏から新鮮な空気を吸って、体中に広がり、やがて体内の毒素や疲れが吐く息とともに足の裏から抜けていくイメージです。

＊ココに効く！　全身のリラックス、リフレッシュ

帰りの電車で

朝と同じようにエクササイズをするほどの元気がないときは、リラックスして疲れを取りましょう。

目を閉じて、骨盤を少し前に出して、背骨をラクな状態にして後ろのシートにもたれます。息を吸うと同時に、足の裏から新鮮な空気が入ってきて、体中に広がるイメージを浮かべます。息を吐くときは、反対に体内に溜まった毒素や疲れが全身から足の裏に集まって抜けていきます。

＊ココに効く！　全身のリラックス、リフレッシュ

お風呂の中で

お湯に浸かって一日の疲れを取りながら、簡単なエクササイズをおこないましょう。

ゆらゆらツイスト

手で浴槽のふちをしっかりつかみ、
立てた膝を左右にツイストします。
＊ココに効く！　お腹、ウエスト

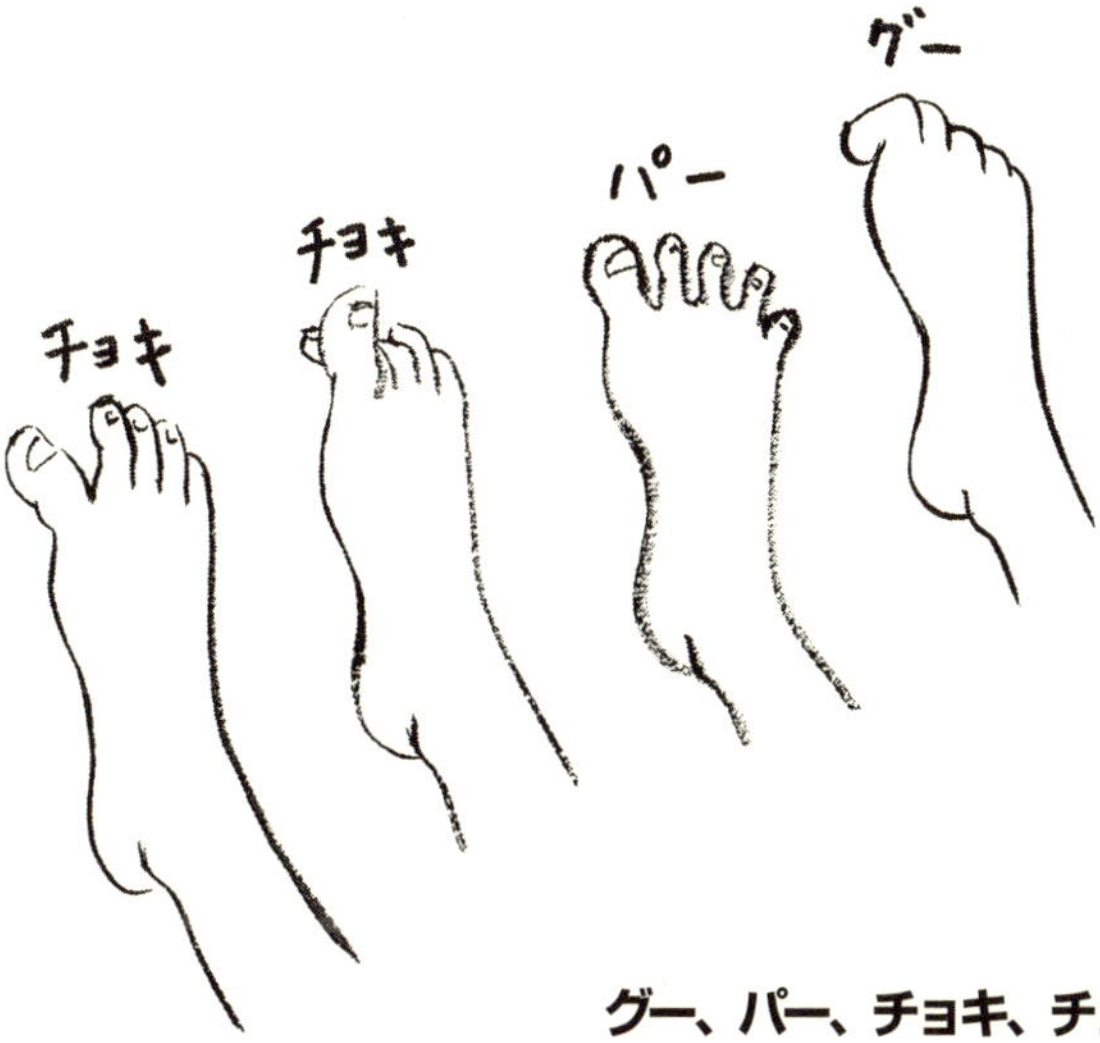

グー、パー、チョキ、チョキ

足の指をグーで縮め、パーで思いきり開き、チョキ、チョキで親指を上、下に向けます。ついでに足首を曲げたり伸ばしたりで「コンニチワ」。

＊ココに効く！　血行促進、むくみ改善

足首でコンニチワ

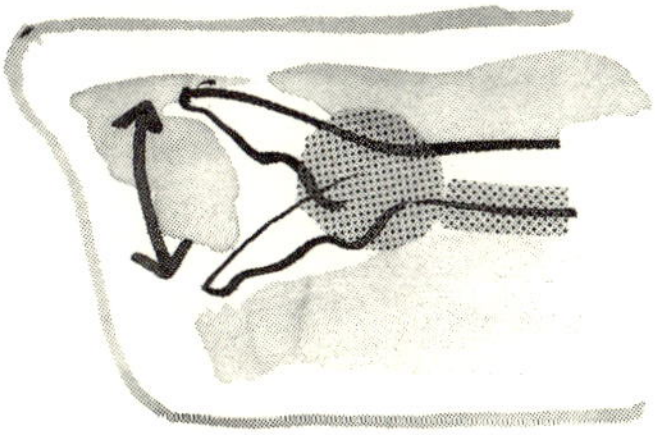

手と足で握手

足の指と反対側の手の指を組みます。つけ根までしっかりと指を絡ませ、息を吐きながらギュッと力を込め、吸いながらゆるめます。開きにくい足の指もお湯の中ではやりやすくなります。そのまま足首を回しましょう。反対側の組み合わせも忘れずに。

＊ココに効く！　全身の血行促進

浴槽でシンクロ

足先まで意識をもって、息を吐きながら膝を伸ばしましょう。

＊ココに効く！　腿の前側

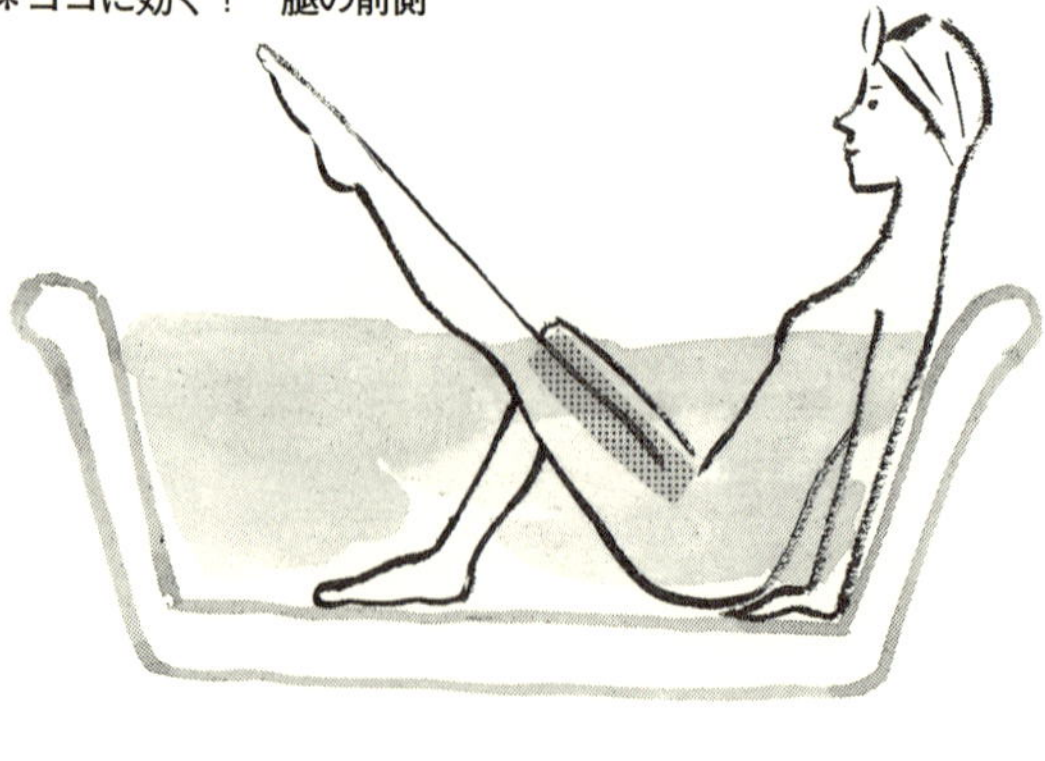

ソファでくつろぐ

お風呂上がりは筋肉や関節が柔らかくなっているので、ストレッチをおこないましょう。

片足をもう一方の膝に乗せて、足のつけ根をしっかりと開きます。

＊ココに効く！
股関節のストレッチ

寝る前に

坐ったままコサックダンスのように両腕を組んで、息を吐きながらCカーブ（Cの字）を描くように背中を伸ばします。

＊ココに効く！　背中のストレッチ

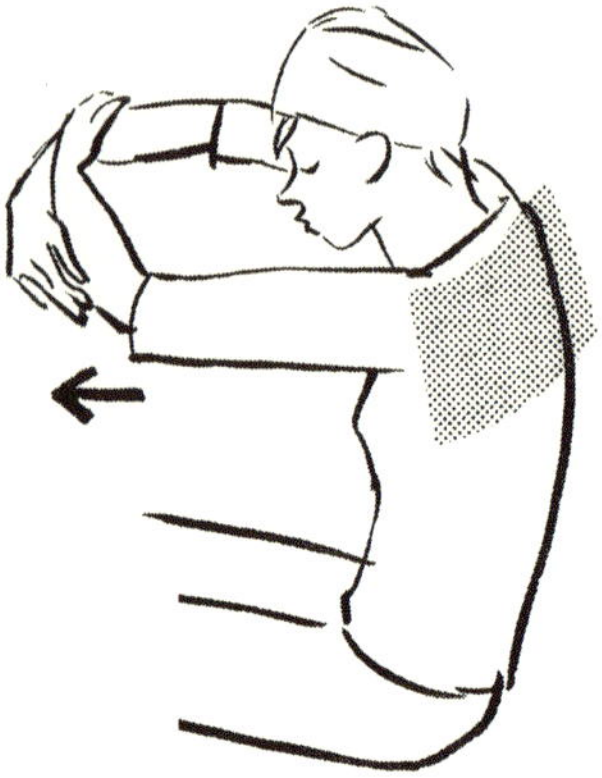

手は組んだまま、息を吐きながら右に腕を引っぱり、肩を十分に伸ばします。同時に首は左に倒します。反対の向きも同じようにおこないます。

＊ココに効く！
首と肩のストレッチ

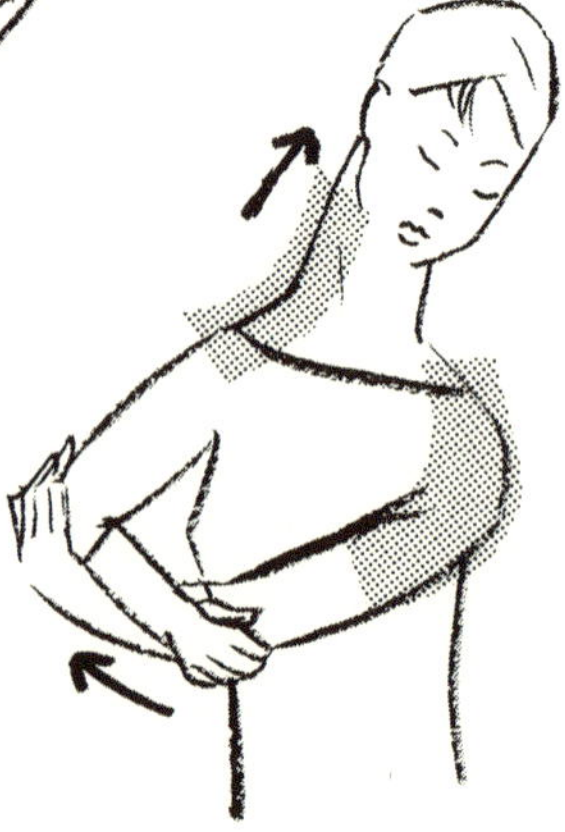

手はそのまま、息を吸いながら骨盤から左右に揺らしつつ両手とともに上半身を上に伸ばしていきます。伸びきったらフーッと息を吐きながら両手を開き、リラックスしましょう。

＊ココに効く！
上半身のストレッチ

COLUMN

風太くんが注目されたのは姿勢がいいから

二〇〇五年、直立するレッサーパンダが注目を集めました。ニュースや新聞で取り上げられ、そのうちＣＭに登場したり、写真集が発売されたりと、たいへんな人気者になったのは千葉市動物公園の風太くんですが、皆さんもご記憶でしょう。

風太くんは背筋をピンと伸ばして、ときには10秒以上も直立し、あたりを見回したりします。マスコミがいっせいに取り上げ、さらに日本各地の動物園を取材したところ、他にも立ち上がるレッサーパンダはけっこういることがわかりましたが、風太くんほどインパクトのある立ち姿の子はいませんでした。

風太くんの立ち姿にあれほどインパクトがあったのは、ひじょうに美しい姿勢だからです。私はよく正しい立った姿勢を、次のように説明します。

「頭のてっぺんが天から引っぱられているような感じ」

風太くんはまさに、頭のてっぺんを見えない糸でつられたような美しい立ち方なのです。私たちも、レッサーパンダの風太くんのように（？）、正しい姿勢を身につけたいものですね。

主婦・B子さんの一日

なにか特別な用事があるわけではないのに、毎日家事や育児に追われ、気がつけば一日が終わってしまっているというB子さん。去年買ったパンツが入らなくなっていてちょっとショック。久しぶりに体重計に乗ってみたら、ずいぶん体重が増えていてさらにショックを受けました。このままではオバサンに突入してしまうと焦りを感じますが、ついつい子どもといっしょに、甘いものに手が伸びてしまいます。

そんなB子さんは、日常の家事をエクササイズにしてしまいましょう。毎日同じことの繰り返しでつまらないと思う家事も、自分をシェイプアップしてくれる時間だと思えば楽しくやりがいのあるものになります。おまけに家の中は片づき、身も心もスッキリ。いいことずくめです。

布団をしまう

布団の上げ下ろしはなかなかハードですが、それだけいいエクササイズになります。

たたんだ布団を持ち上げるとき、膝を伸ばしたまま腰だけ曲げるのは、腰痛の原因になります。かならずしゃがんで持ちましょう。スクワットと同じ効果があります。
押入れの上段に入れるときは息を吐きながら腹筋をつかって載せます。
ふとんを押入れから出して敷くときも同じ要領でおこないます。
＊ココに効く！　腿の前側、お腹

キッチンで

流し台や調理台に向かうとき、背中を丸めたりお尻を突き出したりして作業すると、腰を痛めてしまいます。

両足でしっかり立ち、お腹に力を入れて、上体は背筋をまっすぐのまま傾けます。肩に不必要な力を入れず、両手を羽のように自由に使います。お米をとぐ、包丁で食材を切るなどの動作は、息を吐きながら、リズミカルにおこないましょう。

＊ココに効く！

お腹、背中、二の腕

ゴミを出す

重い物を持っても身体が傾かないようにしっかり立って運びます。脇をしめて肩を上げないようにしましょう。途中で手を持ちかえて、左右均等にきたえます。
余裕があれば、ゴミ袋を持った手は肘を曲げて少し後ろに引き、そのまま肘を伸ばします。

＊ココに効く！
背中、お腹、二の腕

洗濯物を干す

洗濯物を干すときもスクワットになります。下に置いたかごから洗濯物を一枚ずつ、しゃがんで取り、膝から伸び上がって干します。肩が上がらないように注意して、腕だけを十分に伸ばします。洗濯物をパンパンと叩いてから干せば、腕の運動にもなります。

＊ココに効く！　太腿前側、肩、二の腕、お腹

膝や腰が痛くてしゃがむのがつらい人は、洗濯かごを台の上に置いて、しゃがまないですむような工夫を。

掃除機やモップをかける

手だけでなく、上半身いっぱいに、あるいは身体全体を使って動きます。片足を一歩前に出して、重心移動しながら進みます。
また、腕のストレッチをしたいときは、息を吐きながら、あえて腕だけを伸ばします。

＊ココに効く！
背中、お腹、二の腕

雑巾がけ

膝をついておこないます。脇を伸ばして、肘を曲げたり伸ばしたり、腕を大きく使いましょう。ふだん使わないほうの手も使います。
疲れたら、正座になって膝を伸ばします。
＊ココに効く！　肩、二の腕、お腹

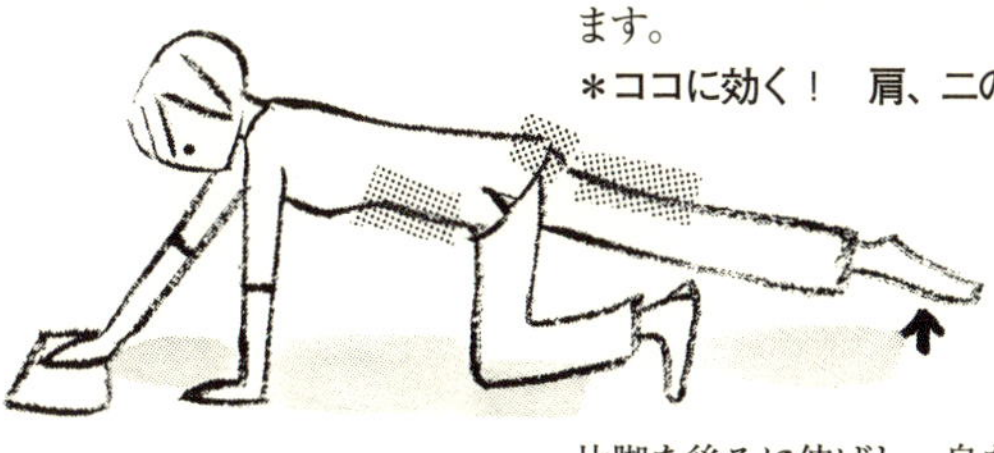

片脚を後ろに伸ばし、息を吐きながら床から浮かせ、バランスをとる。
＊ココに効く！
お腹、お尻、腿の裏側

窓拭き

高いところは膝のバネを使って伸び上がり、低いところはしゃがむか、膝をついて拭きます。縦、横、円や８の字を描くように拭いたりと、さまざまな動きを取り入れましょう。利き腕でないほうの腕も積極的に使います。

＊ココに効く！

脇と肩のストレッチ、お腹

トイレ掃除

中腰でおこなう作業はかなりハードです。肩や腰に負担がかからないように気をつけながら、腕をしっかり動かしましょう。

便器をブラシでゴシゴシこするとき、反対側の手をどこかに置いて安定させ、ブラシを持った手は肩に力を入れないで肘を前後に動かします。

＊ココに効く！

二の腕、お腹、背中

風呂掃除

浴槽の中だけでなく、洗い場や壁、鏡など念入りに掃除するためには、これまで紹介した雑巾がけ、窓拭き、トイレ掃除などのコツを駆使して、掃除します。いろいろな筋肉、動きを使いますが、厭わず、むしろいいエクササイズになると思っておこないましょう。お風呂をピカピカにすれば、いつの間にか身体もスッキリです。

＊ココに効く！　全身

干した布団を取り込む

腕だけで取り込むのではなく全身を使っておこないます。息を吸って片足を前に出して膝をゆるめ、吐きながら膝のバネを使って肩に担ぎます。
＊ココに効く！　お腹、背中

歩いてお買い物

ウォーキングはもっとも身近な有酸素運動です。歩ける距離のお買い物は、できるだけ車を使わず、積極的に歩きましょう。

荷物がない行きは、腕を振って、大またでリズミカルに歩くことを心がけましょう。
帰り道は、できれば荷物を均等な重さ2つに分けて、左右の手で持ちます。荷物が1つの場合でも、重さにつられて傾かないように注意。信号待ちなどで立ち止まるときは、荷物を持った腕を少し後ろに引いて、二の腕の振り袖状態を解消しましょう。
＊ココに効く！　有酸素運動／二の腕、お腹、背中など全身

自転車に乗ってお買い物

自転車をこぐことも、ひじょうにすぐれた有酸素運動です。心肺機能を高め、血液循環をよくします。坂道もがんばって上りましょう。

背筋を伸ばして、肩に力を入れずに、
ハンドルを握ります。
ペダルをこぐとき、足首をしっかり
曲げ伸ばししましょう。
＊ココに効く！　有酸素運動／すね、
太腿の前側、お腹、背中など

洗濯物をたたむ

生活様式も洋風になって、めったに正座することがなくなりましたが、たまには正座する時間をつくりましょう。気持ちも引き締まり、同時にエクササイズにもなります。

上体は、背筋を伸ばして、肩の力を抜きます。たたんだ洗濯物を前に置いたり、横に置いたりしながら、腰を伸ばしましょう。

＊ココに効く！　背中、お腹、腿の前側のストレッチ

テレビを見ながら

家事の合間や夜のくつろぎの時間、テレビを見る時間にもエクササイズを取り入れましょう。

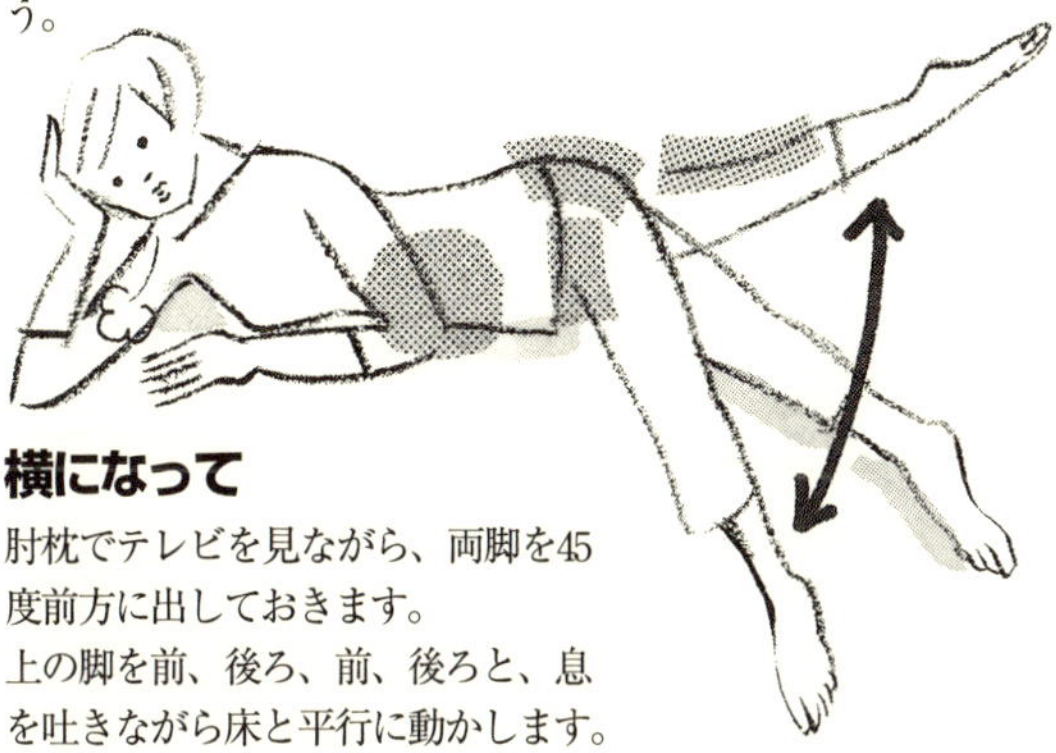

横になって

肘枕でテレビを見ながら、両脚を45度前方に出しておきます。

上の脚を前、後ろ、前、後ろと、息を吐きながら床と平行に動かします。骨盤から上体は動かさず、脚のつけ根から動かします。

＊ココに効く！　お腹、腿の裏側、脚のつけ根、お尻

そのままの姿勢で、上の脚の膝を曲げ、足首を持って腿の前側を伸ばしましょう。これで腿のストレッチになります。

＊ココに効く！　腿のストレッチ

坐って

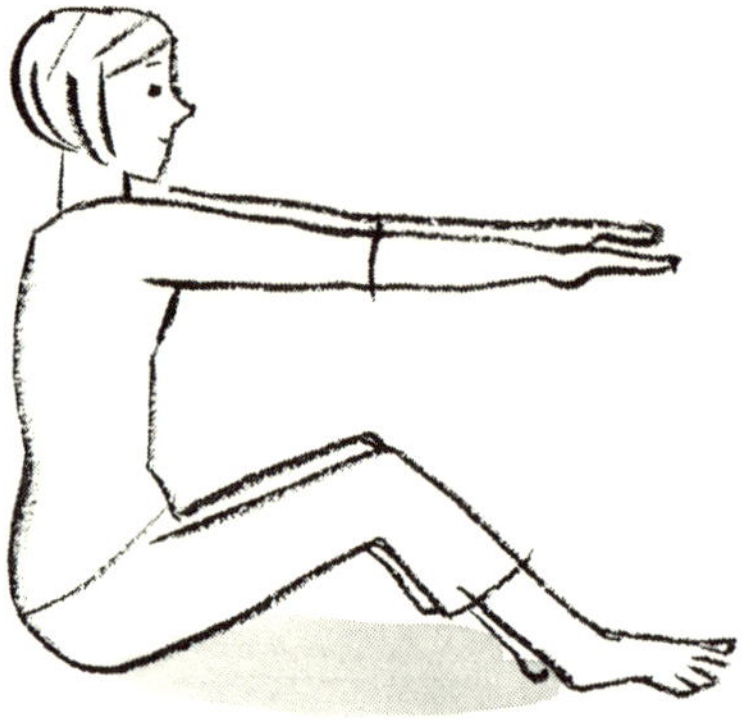

①脚は少し広げて、骨盤、背骨、頭がまっすぐになるように膝を立てて坐ります。両腕を前に出して、息を吸いながら背筋を伸ばします。

②息を吐きながら、上体だけを後ろへ倒します。このとき上体はまっすぐではなく、自然なCカーブを描くように。息を吸って元に戻します。

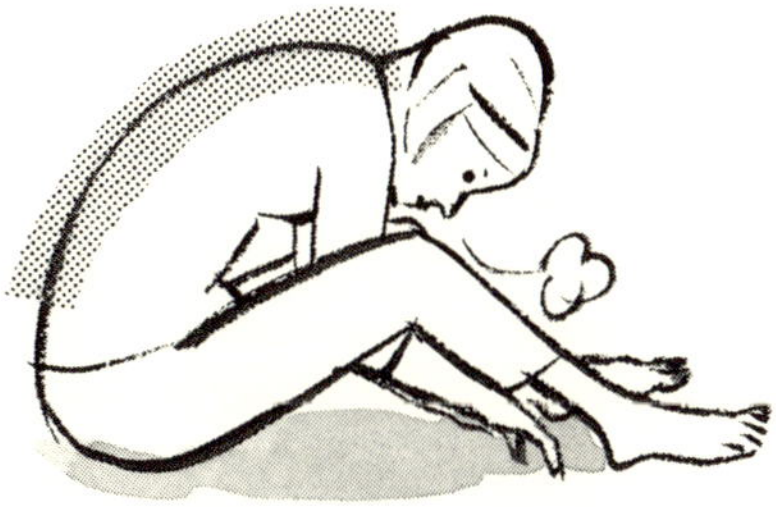

③何回か繰り返したら、最後は前に倒して背中をCカーブのままリラックス。
＊ココに効く！　お腹、腰、背中のストレッチ

COLUMN

大好きな洋服やアクセサリーの効果

私たちは、大好きな洋服を着たりお気に入りのアクセサリーや腕時計、バッグ、靴などを身につけると、それだけで気持ちも華やいだり、シャキッと引きしまったりすることがあります。

気持ちだけではありません。知らず知らずのうちに姿勢もよくなったり、足取りが軽やかになったりしています。少しでも似合うように、無意識のうちに動作やしぐさも美しくなったりするのです。

考えてみると、すごい効果です。

「ちょっと値段が高いからもったいないかな？　贅沢かな？」

買うときにそんなふうに躊躇するものでも、着たり身につけたりするだけで、気分も姿勢も動作・しぐさもよくなるとしたら、それはけっして贅沢ではないはずです。もちろん値段や頻度にもよりますが、たまには自分へのご褒美も悪くありません。

自分にいい刺激を与えてくれるものは、そのときまさに自分が必要としているものにほかなりません。思いきって買うことも、ときにはいいんじゃないかなと私は考えています。

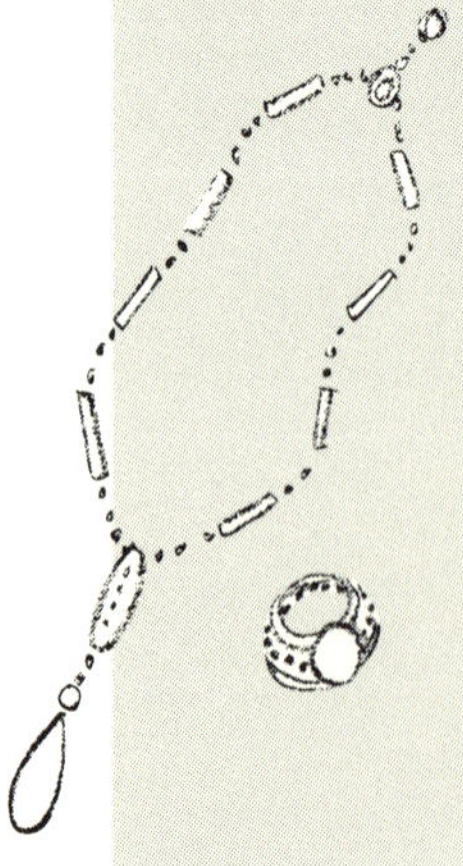

身近な物を使って簡単エクササイズ

スポーツジムに通って本格的なトレーニングマシンを利用しなくても、あるいは流行の健康器具をわざわざ買わなくても、エクササイズをすることはできます。

自分の体重を負荷として利用するのはもちろんですが、身近にあるちょっとした小物も、使い方次第でりっぱなエクササイズ用グッズとなります。

ここではラップの芯やペットボトル、タオルなど、どこのおうちにもある物を使ってできる簡単エクササイズをご紹介しましょう。

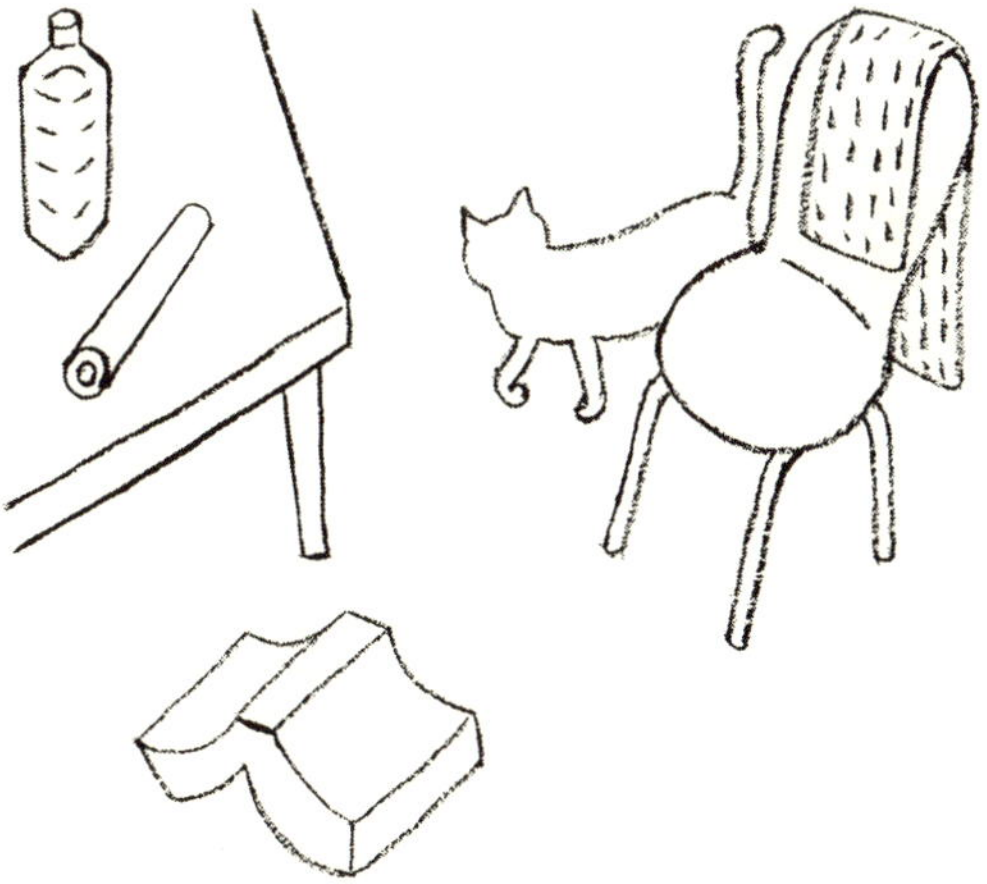

ラップの芯〈1〉

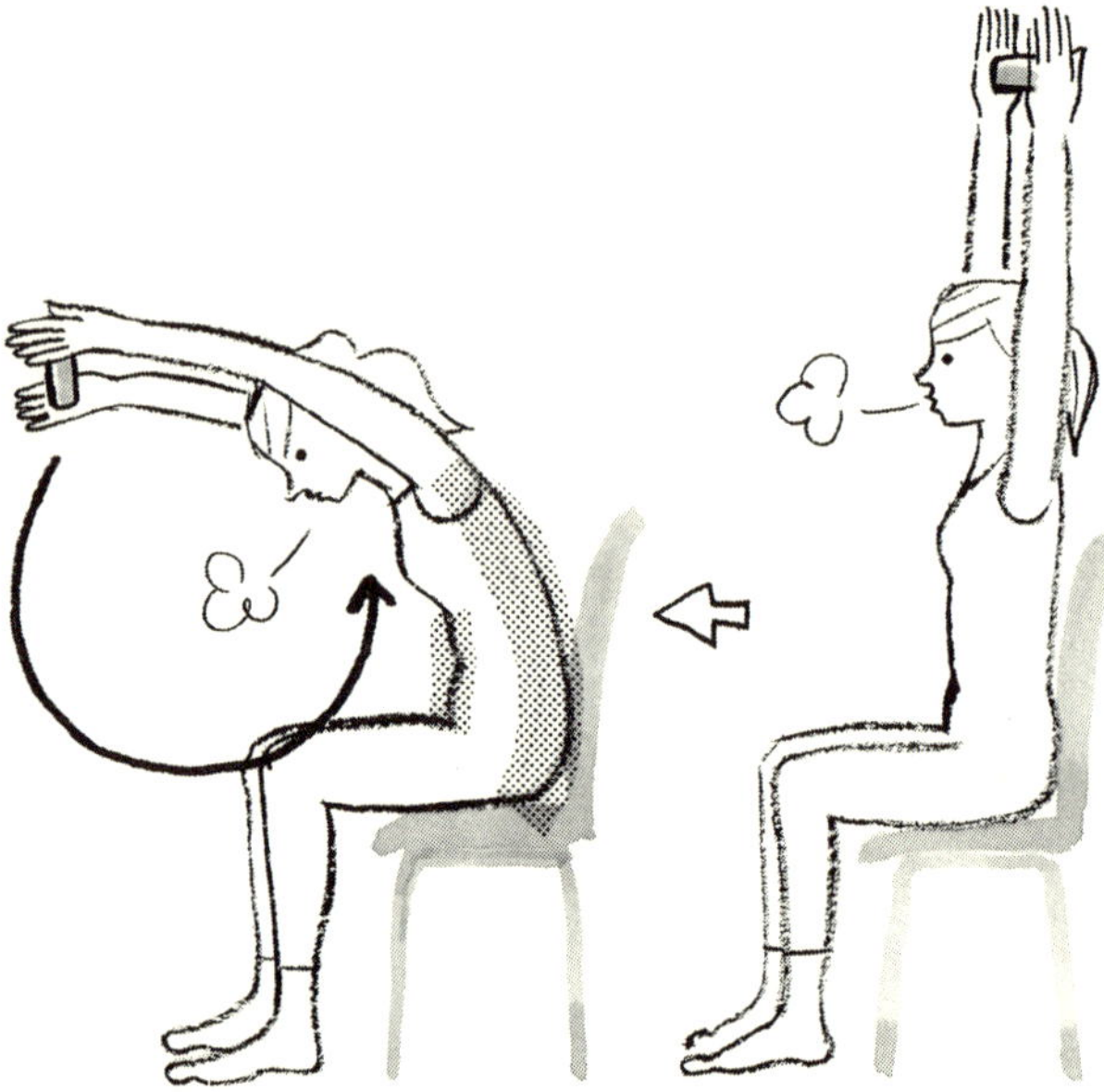

脚を腰幅に開き、両手でラップの芯の両端を持ちます。息を吸いながら上に伸び、息を吐きながら前方に下ろして、身体に沿って円を描くように下から戻します。

＊ココに効く！　お腹、背骨のローテーションで背骨をしなやかに

芯がなければ、新聞紙を丸めたものやハンガーなどで代用できます。

ラップの芯〈2〉

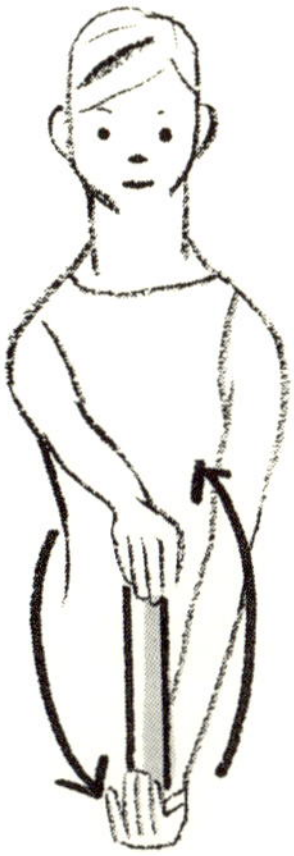

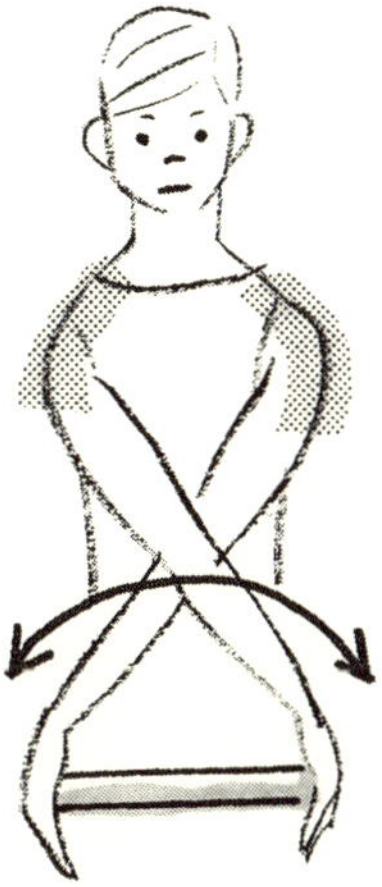

両手でラップの芯の両端を持ち、息を吐きながら右へねじり、吸いながら戻します。今度は吐きながら左へねじり、吸いながら戻します。
腕はあまり上げず、少し下のほうでねじるほうがやりやすいでしょう。できれば腕がクロスするまでねじります。

＊ココに効く！
肩関節の可動域を広げる

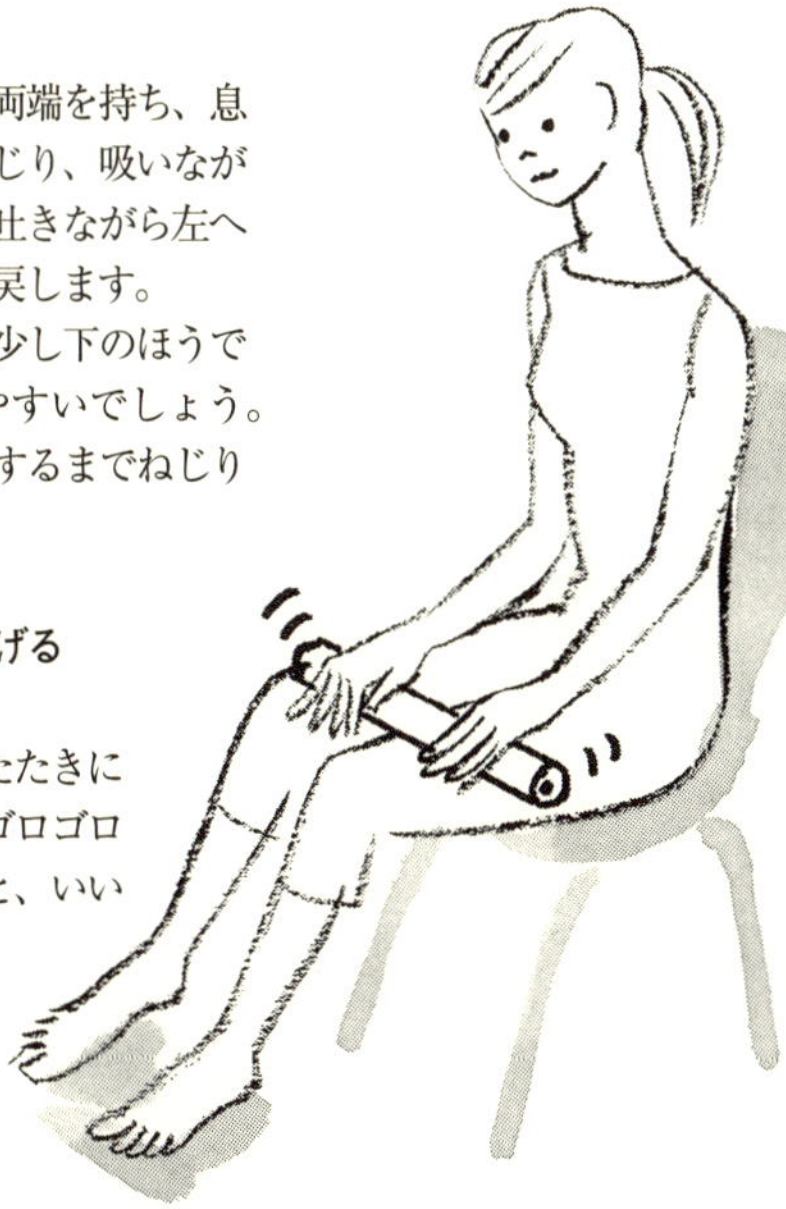

ラップの芯は、ほかにも肩たたきに利用したり、脛や腿などをゴロゴロ転がしたりポンポンはたくと、いいマッサージになります。

ペットボトル〈1〉

2ℓ入りの大きなペットボトルを頭にのせて両手で持ち、まっすぐ立ちます。肘は開いて脇をあけ、胸もしっかり開きます。骨盤も背筋もまっすぐですか？

このまま歩いてみましょう。重心がどこにかかっているかよくわかります。
＊ココに効く！　バランス感覚

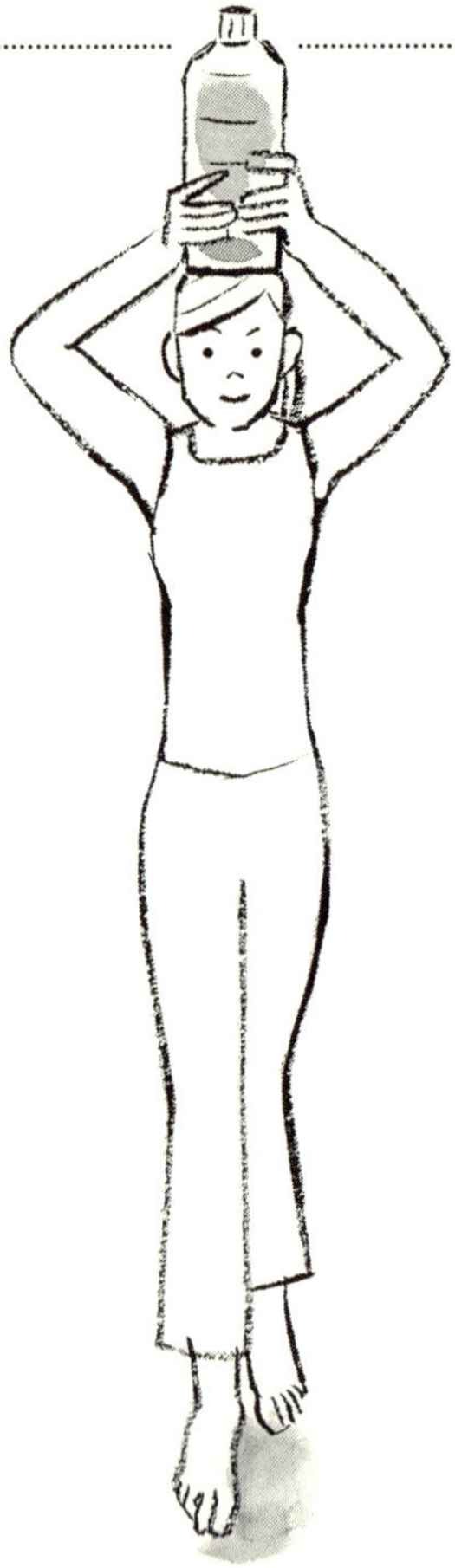

南インドで見かけた女性
インドを旅行したとき、木綿のサリー姿の女性が頭に大きなカゴをのせて歩いているのを見かけました。毎日慣れた作業なのでしょうが、背筋も首の後ろも伸びた美しい姿勢で、思わず見とれてしまいました。

ペットボトル〈2〉

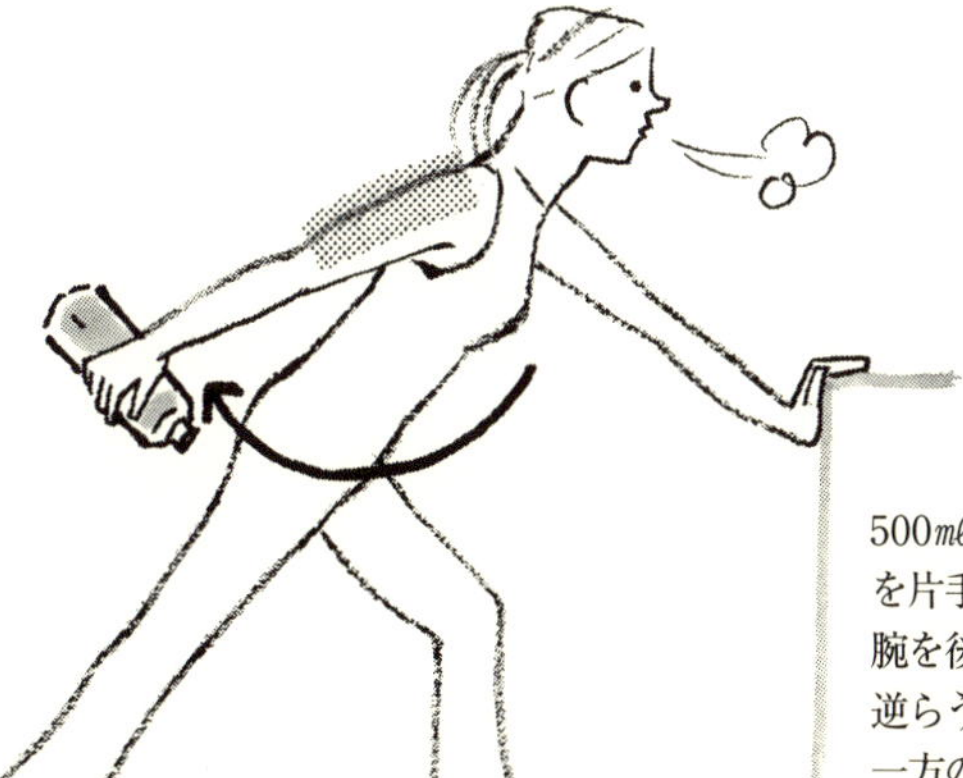

500mℓくらいの小さいペットボトルを片手に持ち、上体は前傾させます。腕を後ろに引いて、そのまま重力に逆らうように肘を伸ばします。もう一方の手は腿に置いて安定させておきます。腕を伸ばすときに息を吐き、もどすときに吸います。
飲む前に腕の運動を習慣づけましょう。
＊ココに効く！　二の腕

バスタオル〈1〉

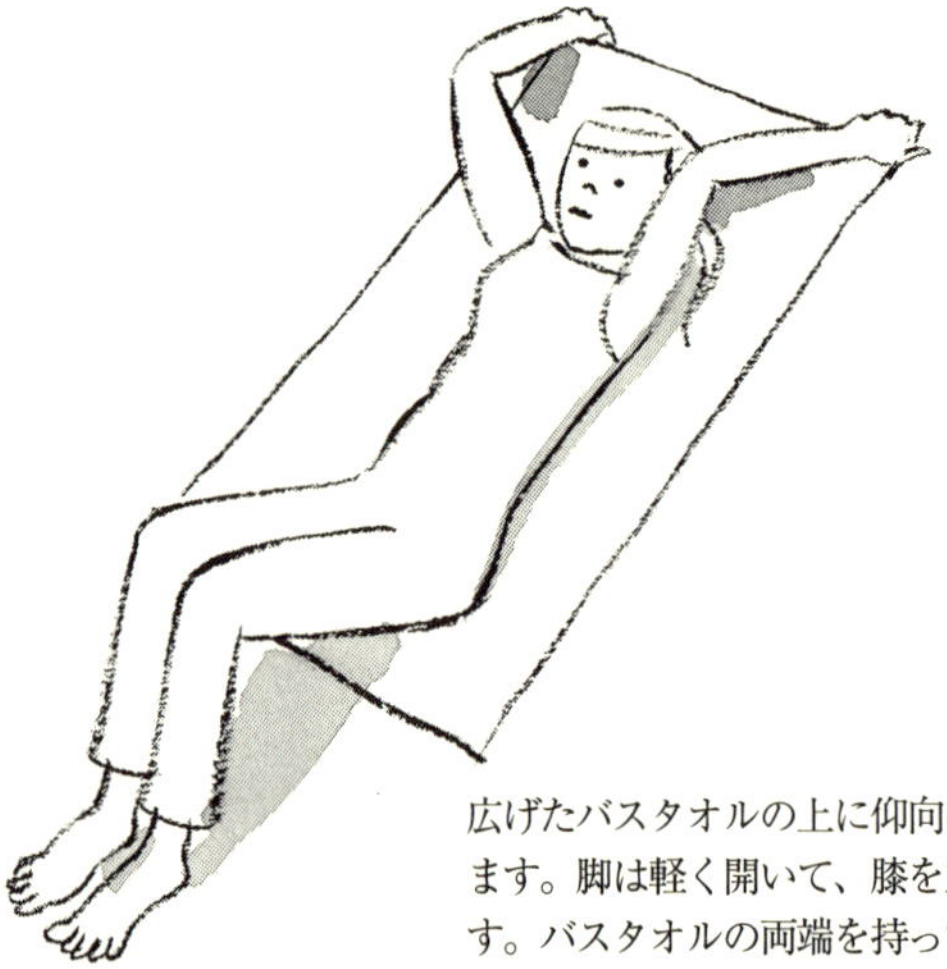

広げたバスタオルの上に仰向けに寝ます。脚は軽く開いて、膝を立てます。バスタオルの両端を持って、上に引っぱり、首をサポートしながら息を吐いて、上体を起こします。
＊ココに効く！　お腹のインナーマッスル

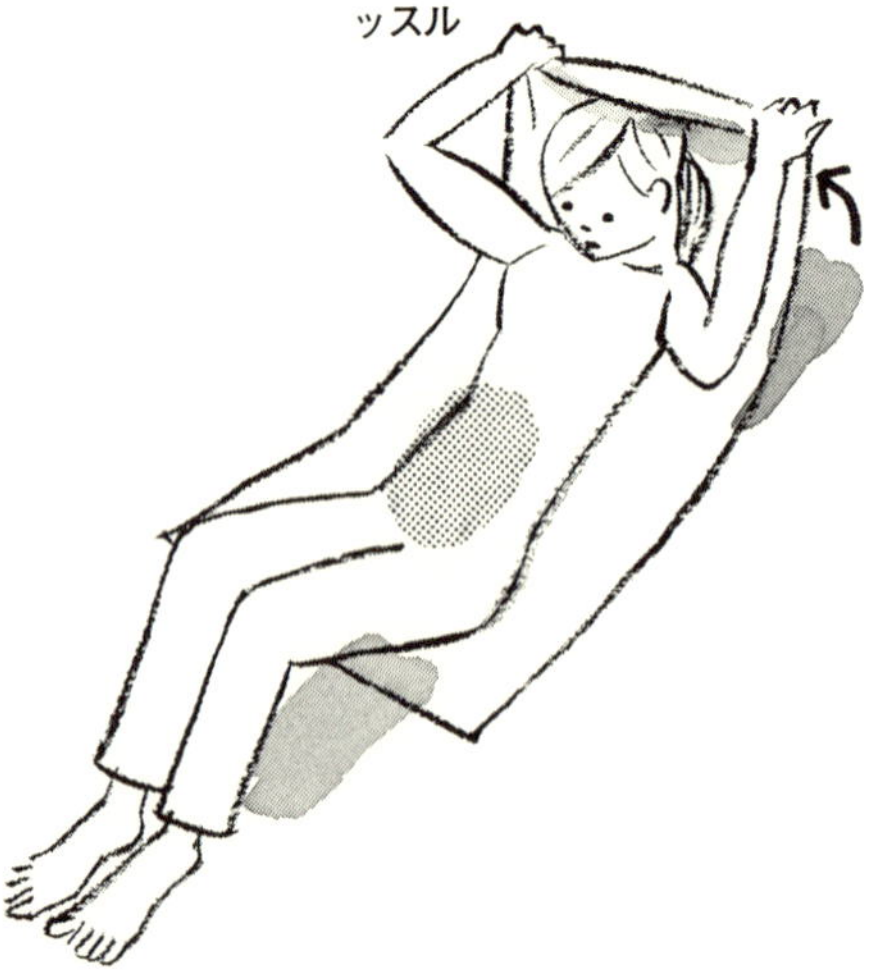

バスタオル〈2〉

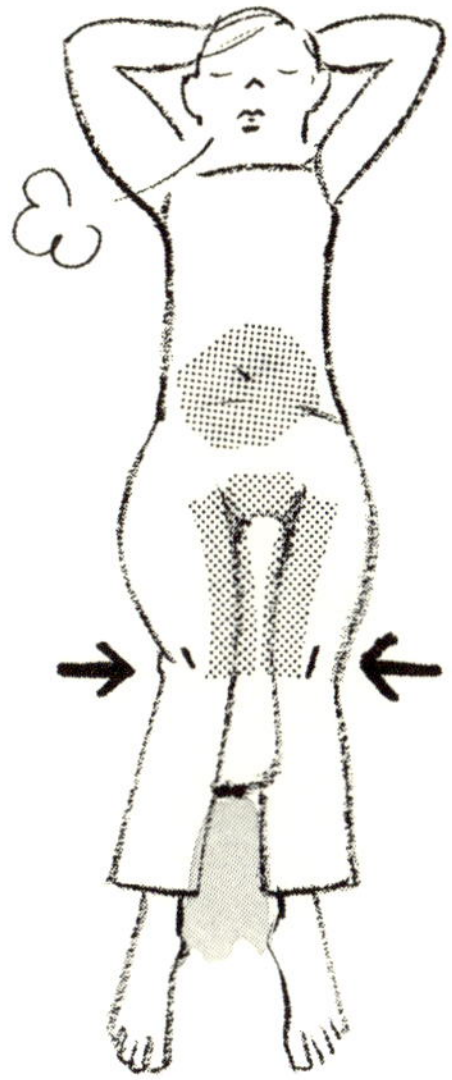

仰向けに寝て、膝を立てます。バスタオルを折りたたんで、膝の間にはさみ、両腕は頭の後ろで組みます。内腿を意識しつつ、息を吐きながら膝をゆっくりと10回寄せます。

息を吐きながら、さらに上体を起こし、上体をキープしたまま脚をゆっくり10回寄せます。

＊ココに効く！　お腹のインナーマッスル、内腿、骨盤底筋群

バスタオル〈3〉

家族や友人がそばにいれば、バスタオルで首のストレッチをお互いにおこないましょう。介護でもこの方法はひじょうに喜ばれます。

頭をタオルで包み込むようにして、ゆっくりと持ち上げたまま、左右に優しく動かします。相手の状態を見ながらそっとおこないましょう。
＊ココに効く！　首のリラックス

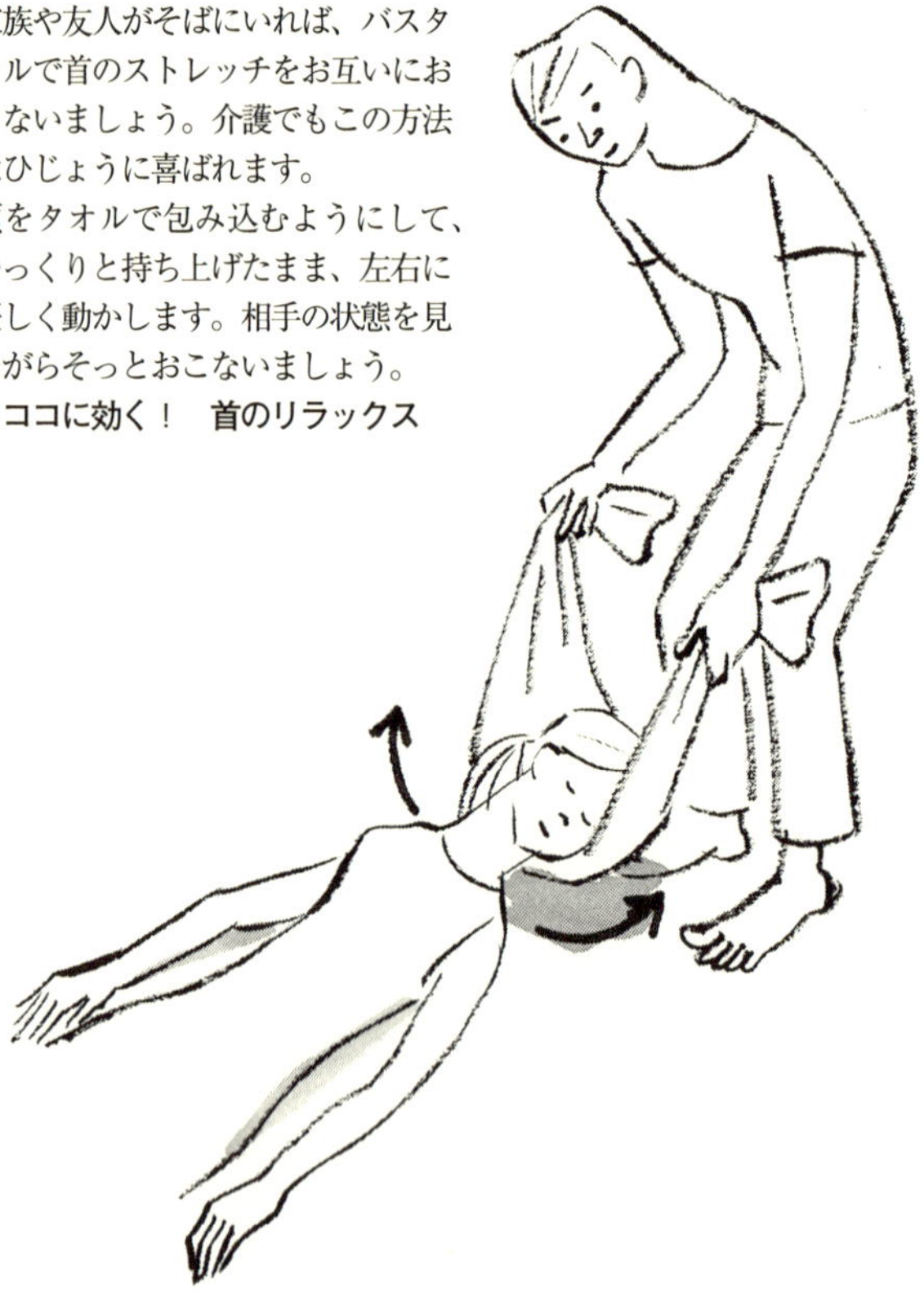

フェイスタオル〈1〉

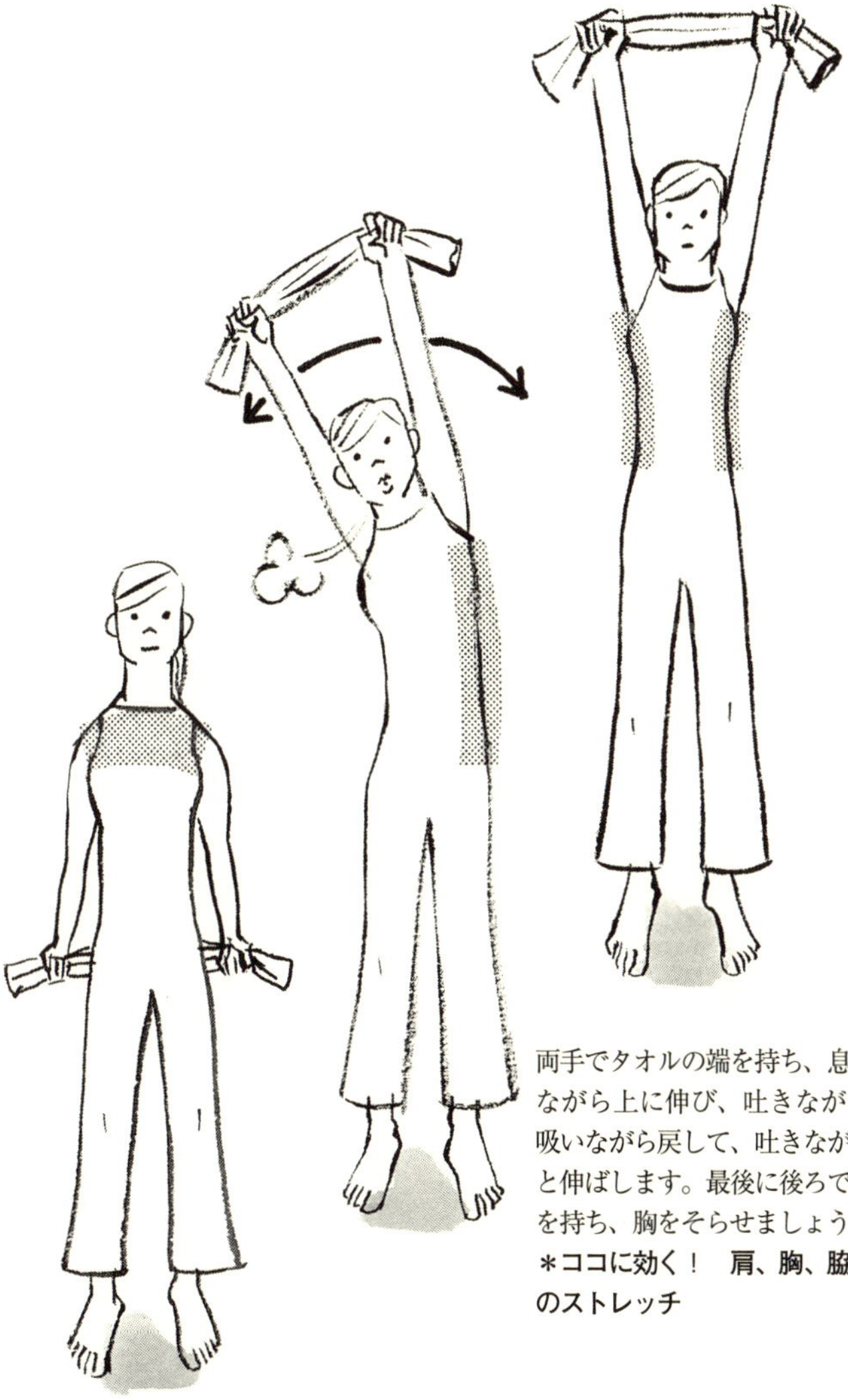

両手でタオルの端を持ち、息を吸いながら上に伸び、吐きながら右へ、吸いながら戻して、吐きながら左へと伸ばします。最後に後ろでタオルを持ち、胸をそらせましょう。

＊ココに効く！　肩、胸、脇、体側のストレッチ

フェイスタオル〈2〉

後ろにタオルを回し、背中を洗う要領で上下を持ちます。息を吐きながらタオルをゆっくり下に下ろし、次に息を吸って、吐きながら上に引き上げます。

斜め上、斜め下にもおこないます。

手を持ち替えて、反対側も同様に。

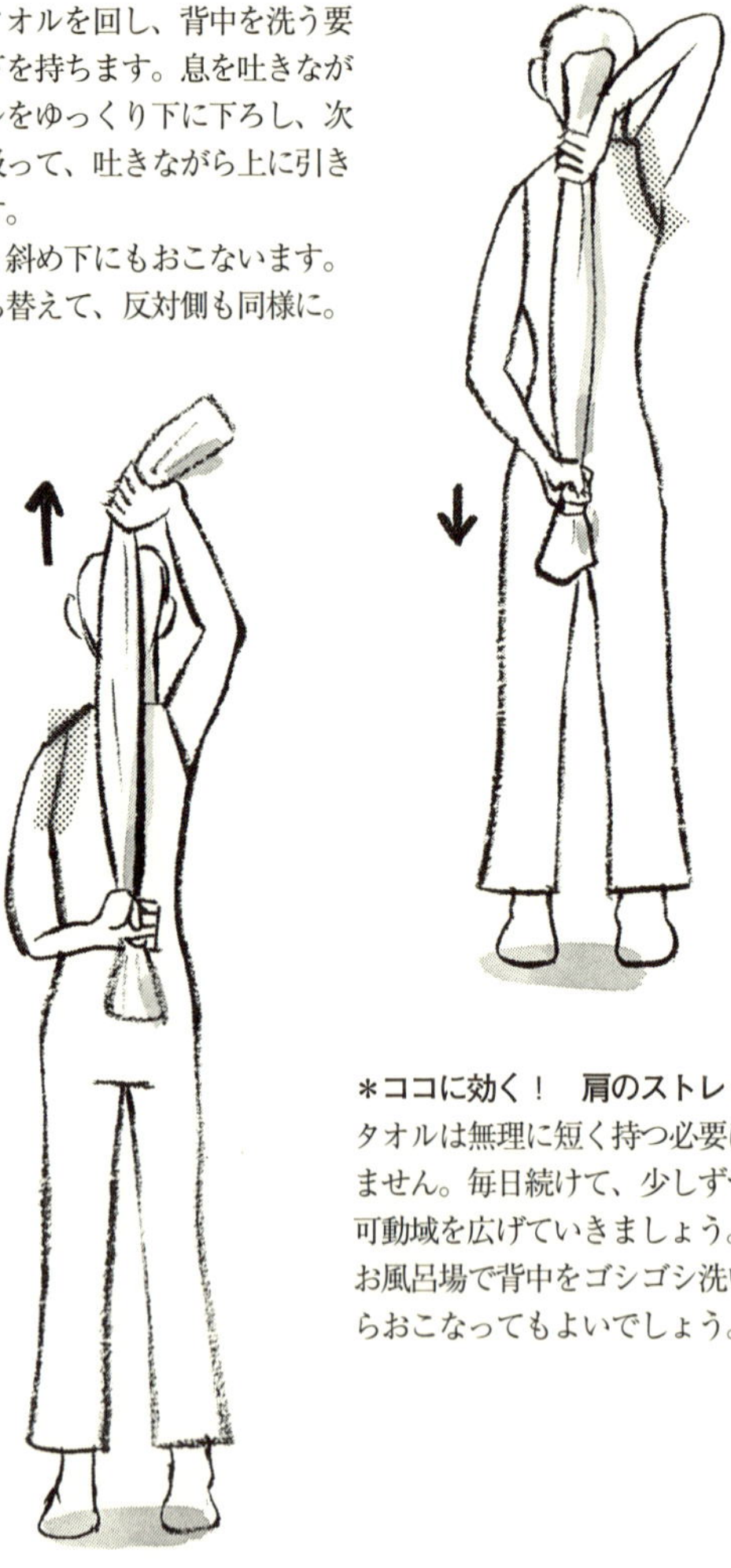

＊ココに効く！　肩のストレッチ
タオルは無理に短く持つ必要はありません。毎日続けて、少しずつ肩の可動域を広げていきましょう。
お風呂場で背中をゴシゴシ洗いながらおこなってもよいでしょう。

フェイスタオル〈3〉

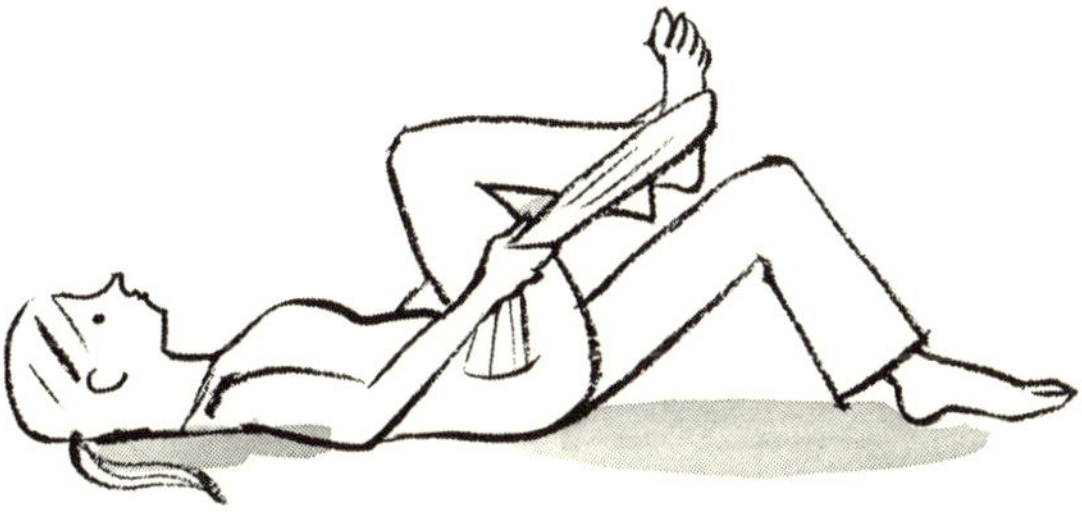

仰向けに寝て、両膝を立てます。片脚の土踏まずにタオルをかけ、息を吐きながら足の裏が天井を向くように、膝を伸ばせる範囲で伸ばします。胸のほうに引き寄せる必要はありません。
反対側の脚も同様に伸ばします。

＊ココに効く！
腿の裏側のストレッチ

壁〈1〉

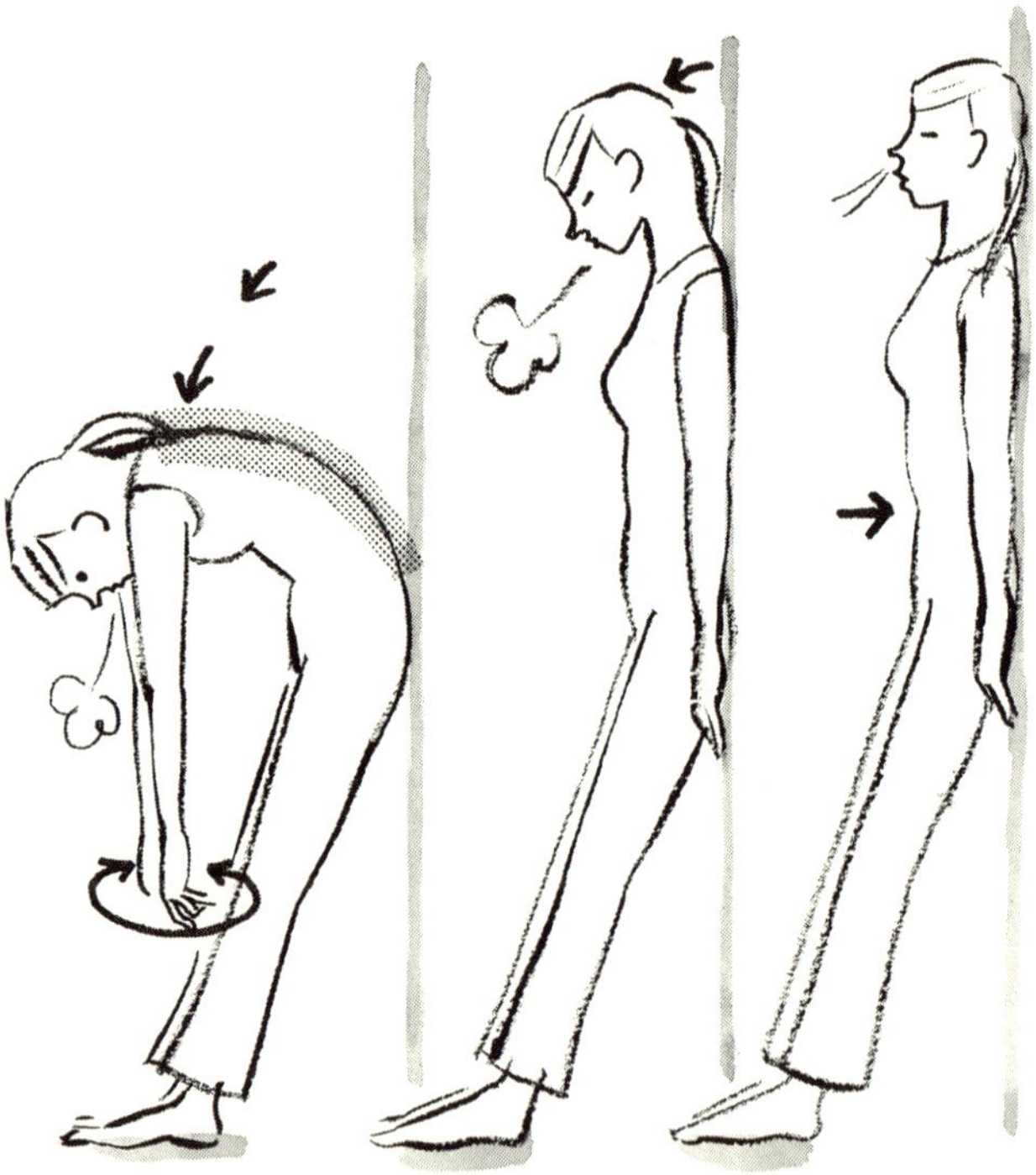

壁によりかかって、足を少し前に出します。腰のところで隙間をつくらないように、背骨をピッタリ壁にくっつけます。いったん息を吸ってから、ゆっくり吐きながらおじぎするように、頭から脱力してゆきます。頭、首、肩、腕と力を抜き、気持ちのいいところでとめます。力を入れず、片手ずつぶらんぶらんと回します。息を吐きながら、ゆっくり背骨をひとつずつ壁に押しつけるように、起き上がります。

＊ココに効く！　首、肩、背中のリラックス

壁〈2〉〈3〉

腰と背中と頭をピッタリ壁にくっつけて立ちます。足は腰幅に開き、つま先と膝を同方向に向けます。椅子に腰かけるように、少しずつ上体を下ろしていき、できるところで、しばらくキープします。

腰と壁の間に隙間をつくらないのがポイント。垂直までいかなくても、浅めでも大丈夫です。
＊ココに効く！　太腿の前側

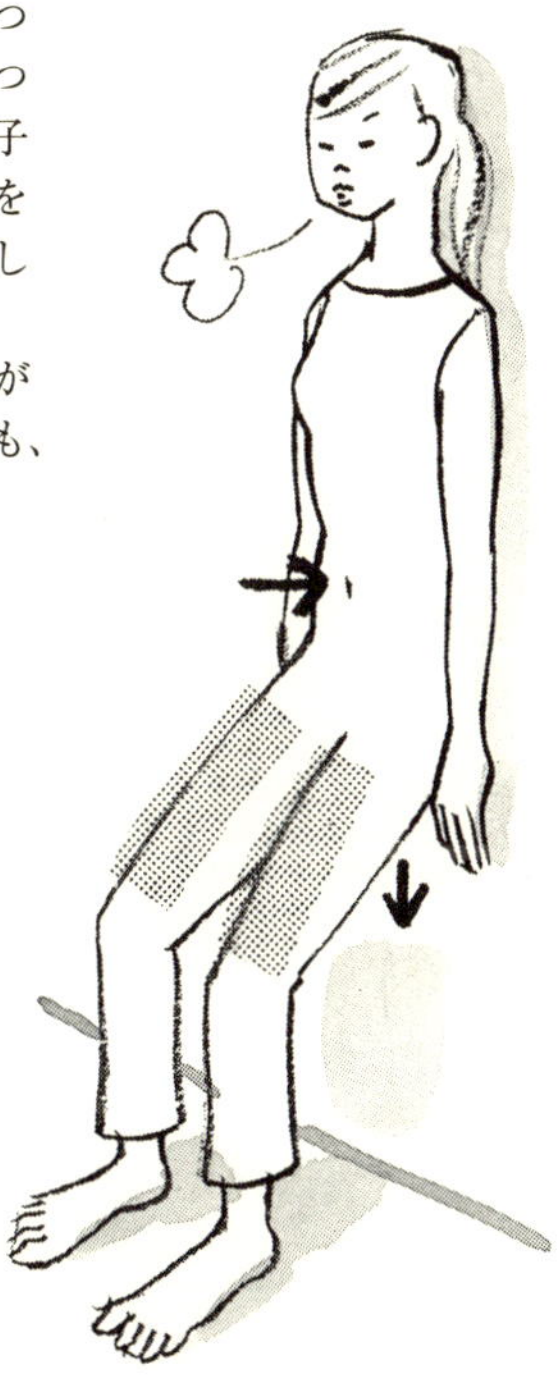

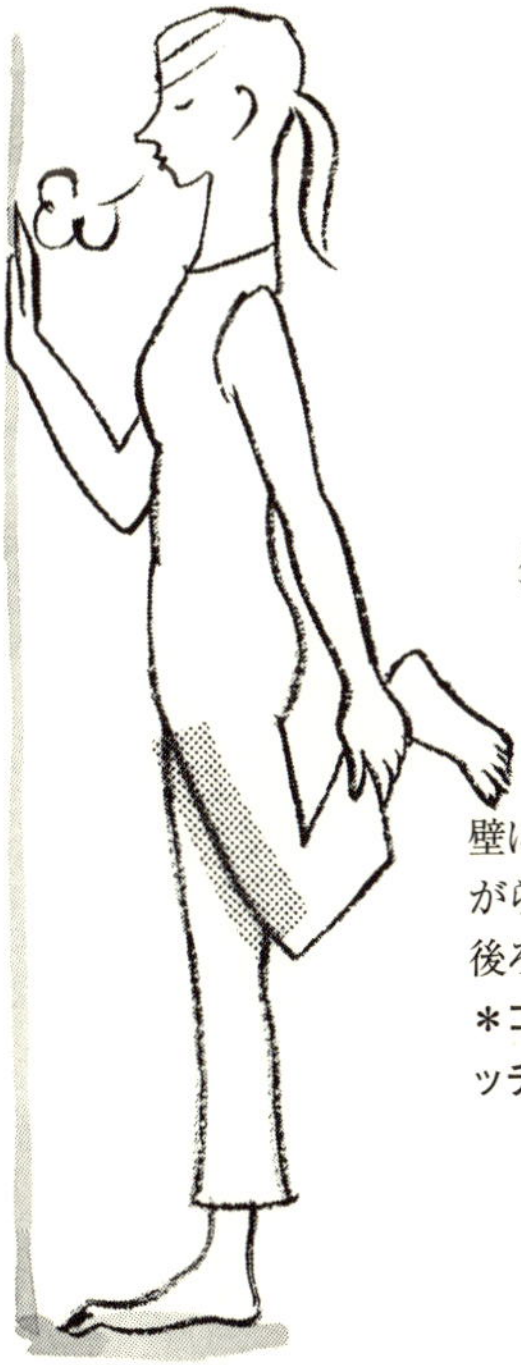

壁に片手をつけて立ち、息を吐きながら、もう一方の手で同じ側の脚を後ろで持ちます。
＊ココに効く！　腿の前側のストレッチ

椅子〈1〉

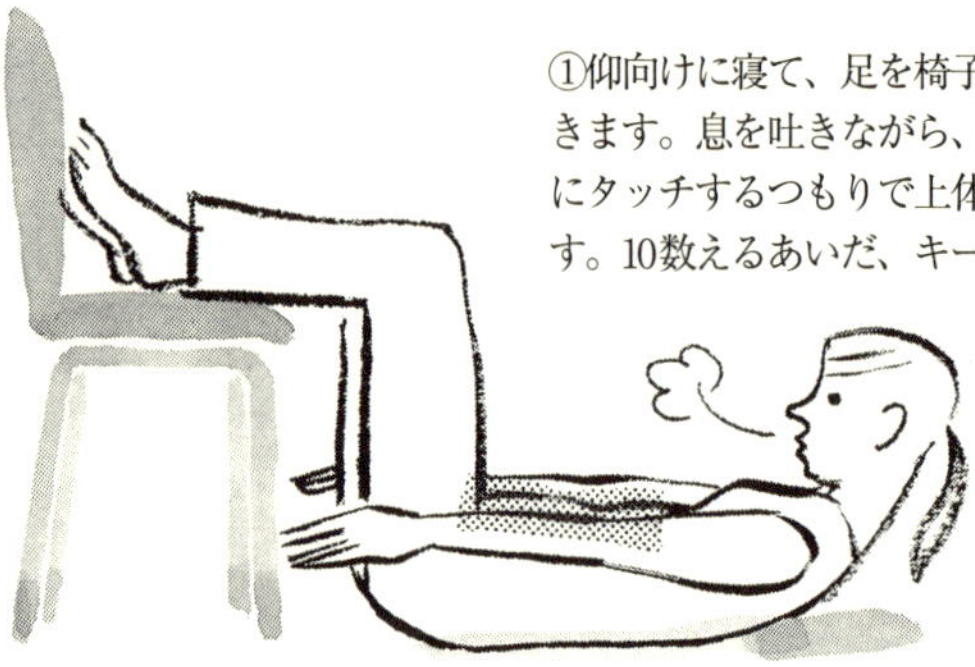

①仰向けに寝て、足を椅子の上に置きます。息を吐きながら、手で椅子にタッチするつもりで上体を上げます。10数えるあいだ、キープします。

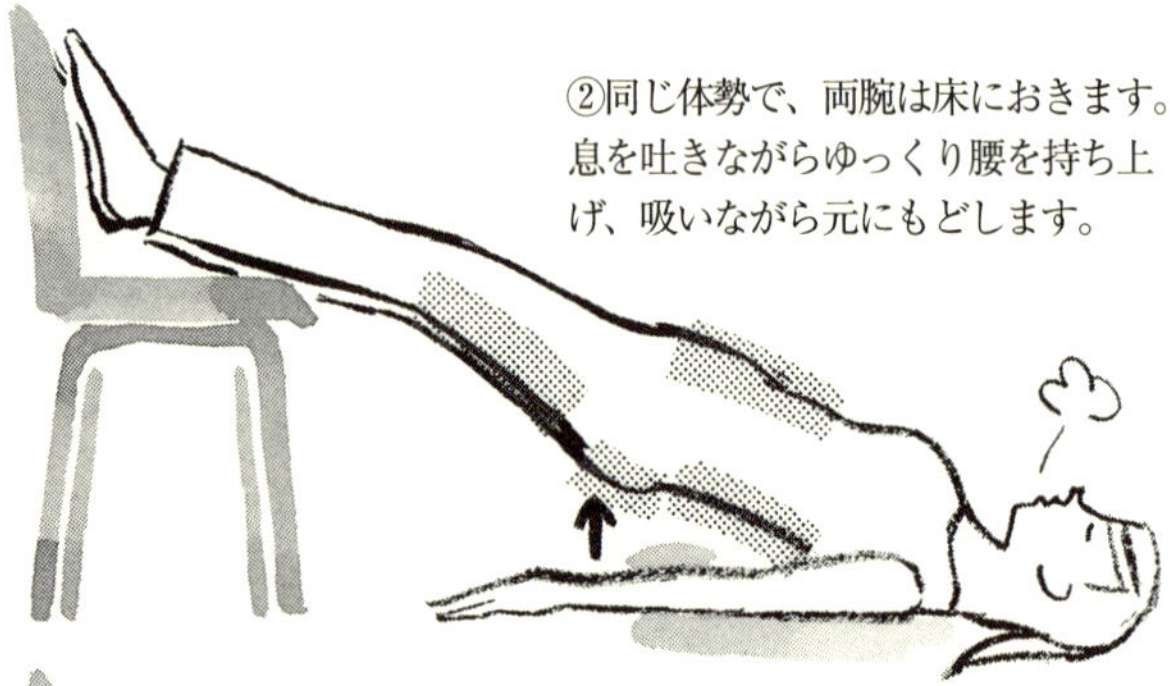

②同じ体勢で、両腕は床におきます。息を吐きながらゆっくり腰を持ち上げ、吸いながら元にもどします。

③最後は力を抜いてリラックスします。

＊ココに効く！　お腹、背中、腿の裏、お尻。足のむくみ改善

椅子〈2〉〈3〉

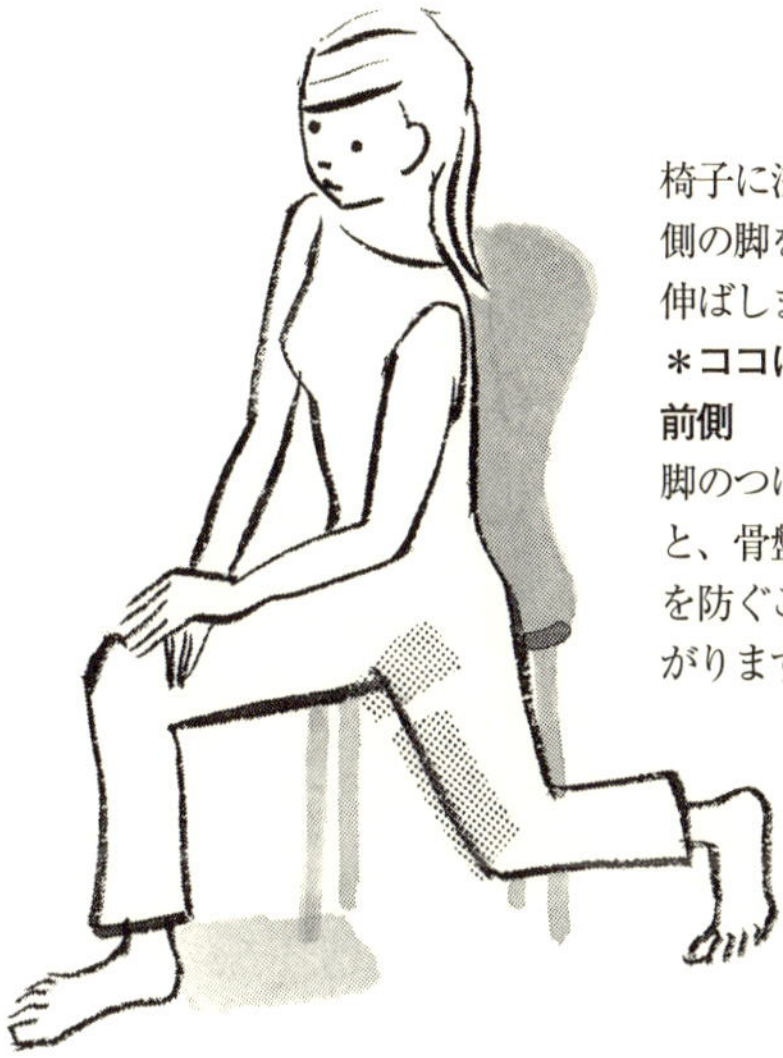

椅子に浅く片方のお尻をのせ、反対側の脚を後方に引き、脚のつけ根を伸ばします。反対側も同様に。

＊ココに効く！　脚のつけ根、腿の前側

脚のつけ根をしっかり伸ばしておくと、骨盤の前傾による姿勢のくずれを防ぐことができ、腰痛予防につながります。

片方の膝を伸ばして前に出し、息を吐きながら背筋をまっすぐに保ったまま、腰から前に倒していきます。反対の脚も同様に。

＊ココに効く！
太腿の裏側のストレッチ

缶ジュース

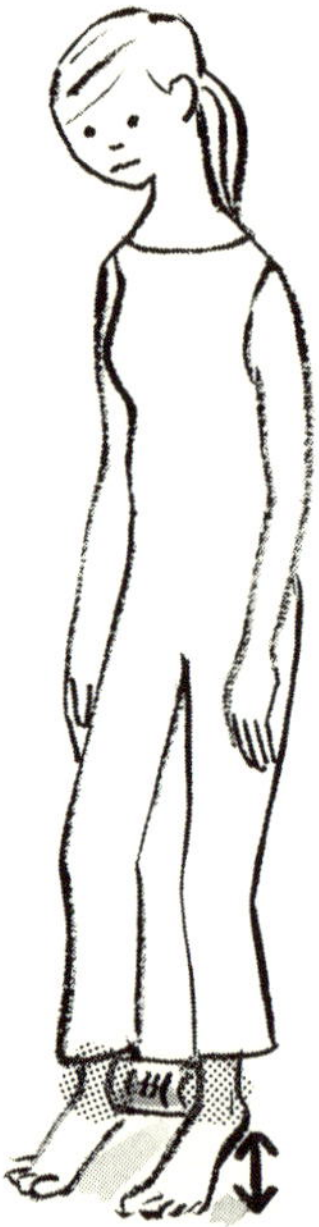

①足を少し開いて立ちます。小さめの缶ジュースを足首のところにはさみ、缶を落とさないようにかかとをアップダウン。ゆっくりと何度かやってみましょう。
②次に膝のところに缶ジュースをはさんで、かかとをアップダウン。

③できる人は、足首と膝のところにそれぞれ１本ずつ缶をはさんでやってみましょう。
何かにつかまったり椅子に座っておこなってもＯＫ。
＊ココに効く！　かかとや膝を開かず５本の指でしっかり立つ感覚を覚えましょう。正しい脚の筋肉の使い方が身につきます

電話帳〈分厚い本〉

両手で電話帳をはさみ、息をフーッと吐きながら上体を右にツイスト、吸いながら元にもどし、今度は左側も同様におこないます。本が傾かないように、上体は床と平行にツイストします。

＊ココに効く！　ウエスト

頭に電話帳をのせ、肘を開き、息を吐きながら上に押し上げます。

＊ココに効く！
お腹のコア、二の腕、背中

いきいきフェイスエクササイズ

笑った顔、怒った顔、泣いた顔、驚いた顔……。私たちのさまざまな表情も、顔の筋肉がつくりだしているものです。顔の筋肉は文字どおり「表情筋」といい、なんと26種類もあるそうです。

すでにお話ししたとおり、筋肉は使わないと衰えてしまいますが、顔の筋肉もその例外ではありません。年齢とともに硬くなったり、垂れ下がったりします。

いつまでもいきいきとした若々しい顔でありたいですね。シワやシミは避けられないとしても、表情豊かな、やわらかい顔でありたいと思います。

顔や首の筋肉をきたえるエクササイズをご紹介します。ほんの少しの時間でできるものばかりです。ぜひ、毎日の生活に取り入れてみてください。

しかし、もっとも大切なのは笑うことだと思います。笑うと頬も口角も自然と引き上げられて若々しい表情になります。いくらエクササイズで筋肉をきたえても、笑いたいことがなければ、無表情な鉄仮面になってしまいます。心のアンテナを敏感にして、うれしいこと、楽しいことを見つけて、毎日を笑顔で過ごしましょう。

下あごのエクササイズ

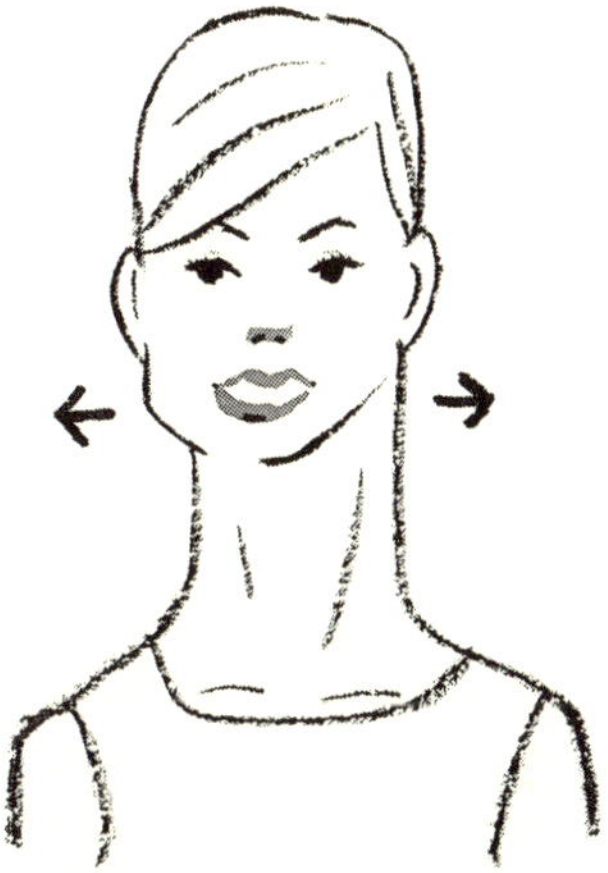

二重あごよ、さようなら

前を向いて顔は動かさず、下あごだけ左右に動かしてみましょう。
二重あごをスッキリさせ、小顔をめざしましょう。

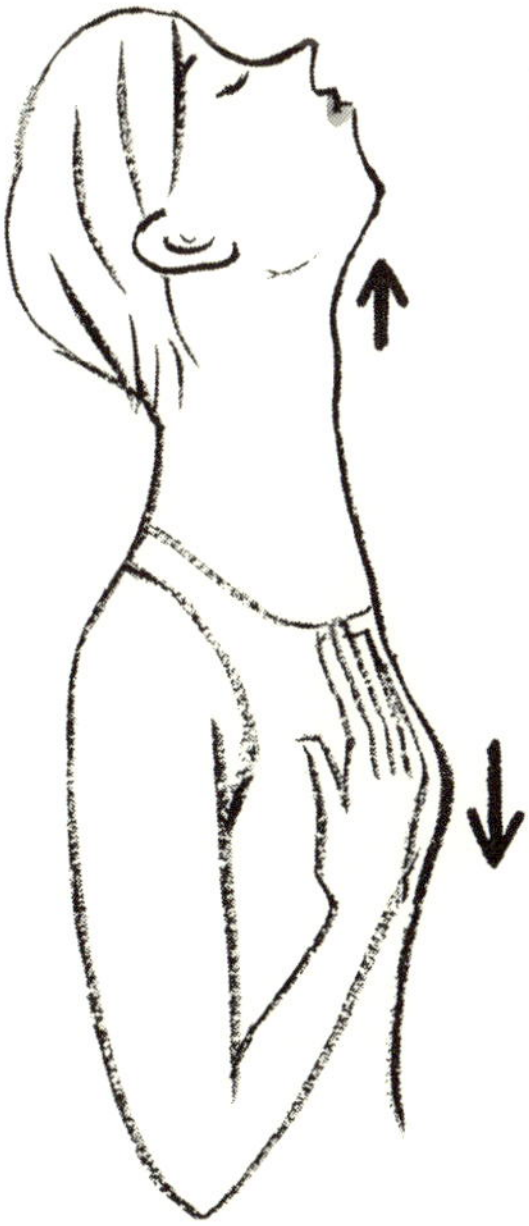

天井にキス

肩と胸を下げ、ゆっくり顔を上げながら唇で天井にキスするつもりで首を伸ばします。あごと首をすっきりさせましょう。

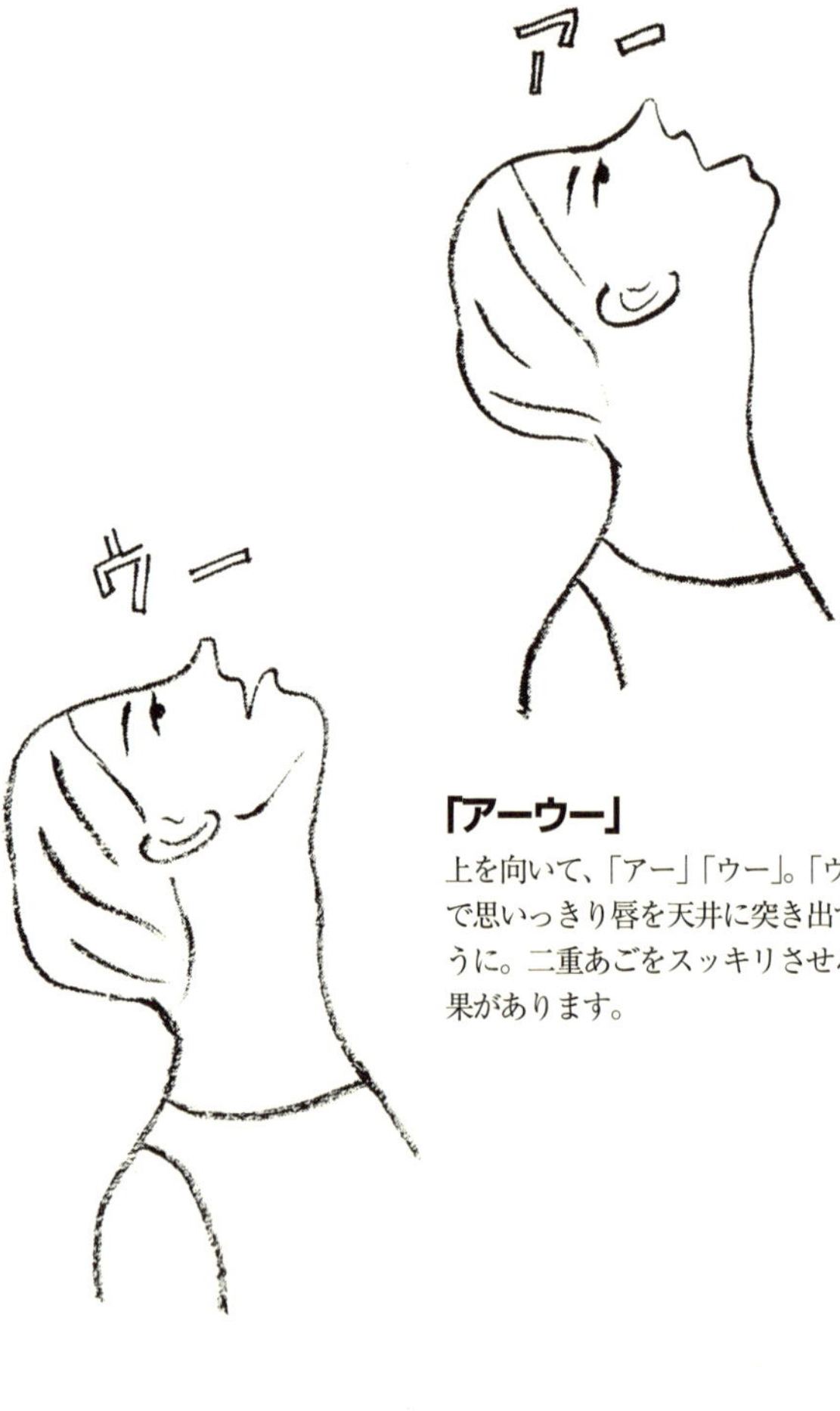

「アーウー」

上を向いて、「アー」「ウー」。「ウー」で思いっきり唇を天井に突き出すように。二重あごをスッキリさせる効果があります。

「アエイオウー」

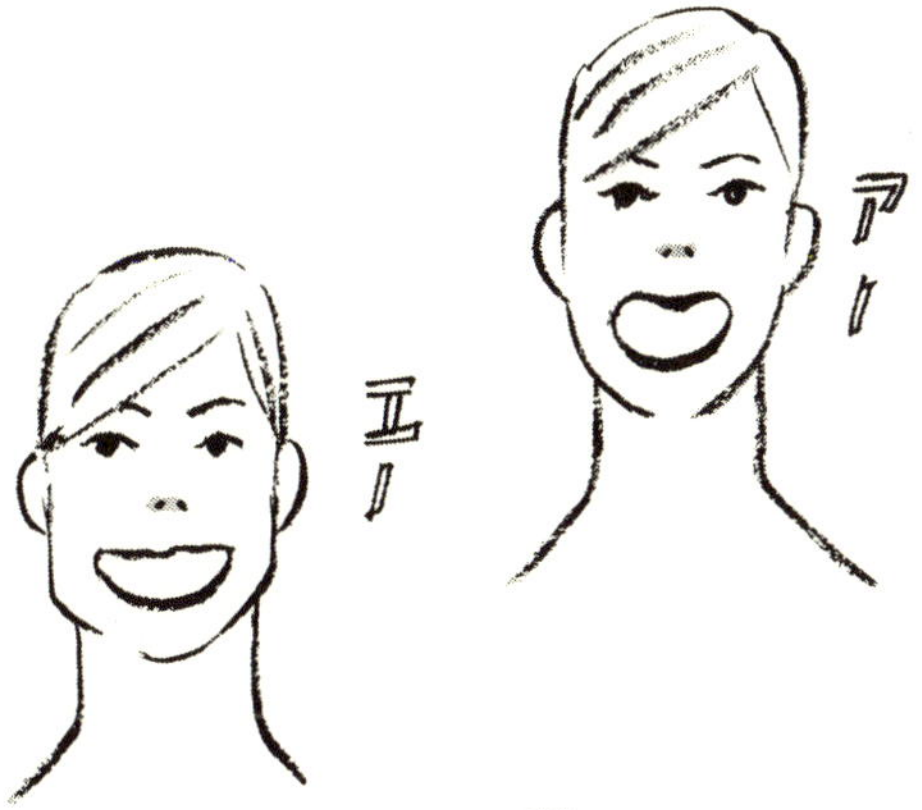

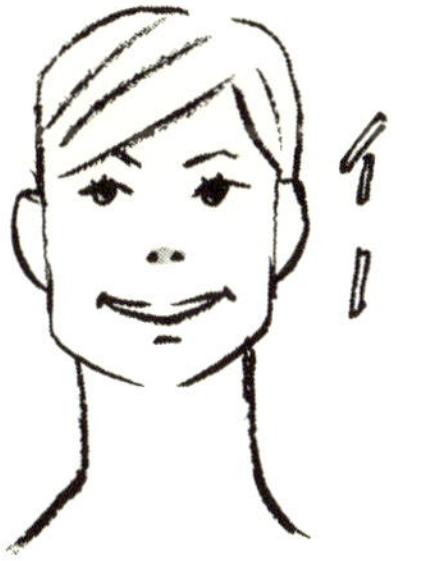

正面を向いて、「アー」「エー」「イー」「オー」「ウー」と声を出しましょう。
それぞれ喜びや驚きなどの感情を込めて、あいづちを打つような感じで、大きくはっきりと口を開けて、顔の筋肉をめいっぱい使ってみましょう。

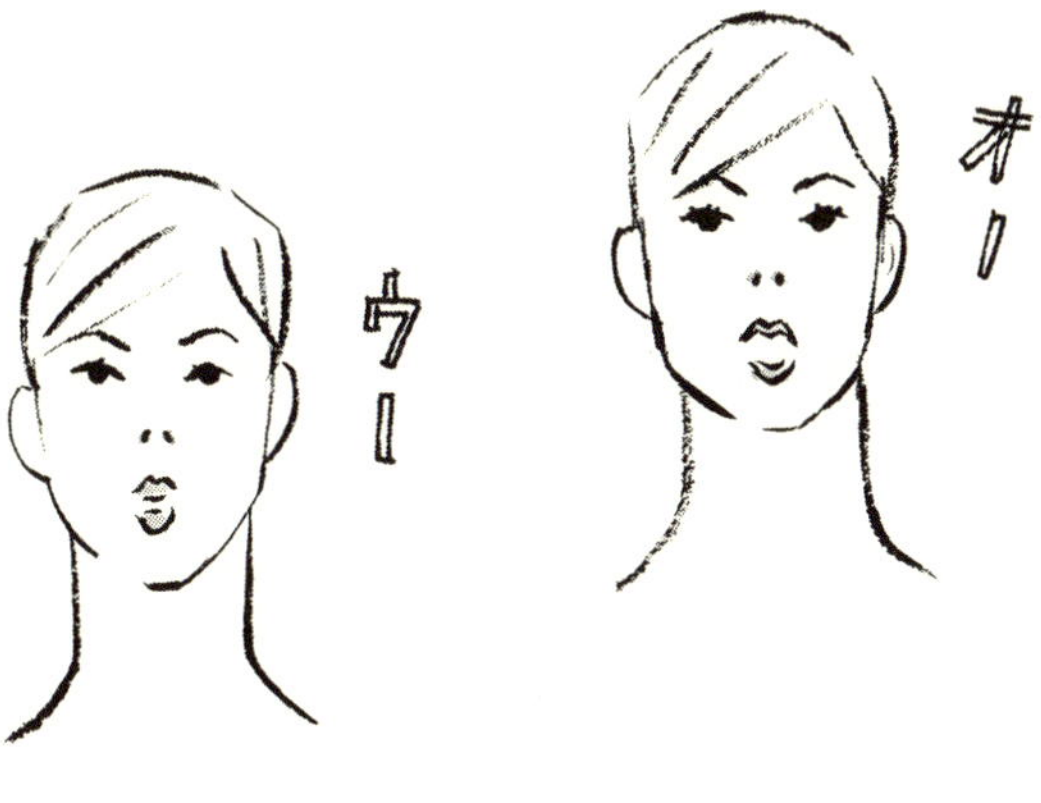

首のストレッチ

①息を吐きながら、頭を右へ倒します。
②そのまま左斜め上の天井を見ます。
③首をもどし、今度は右斜め下の床を見ます。
首の胸鎖乳突筋をきたえ、首のたるみを解消しましょう。

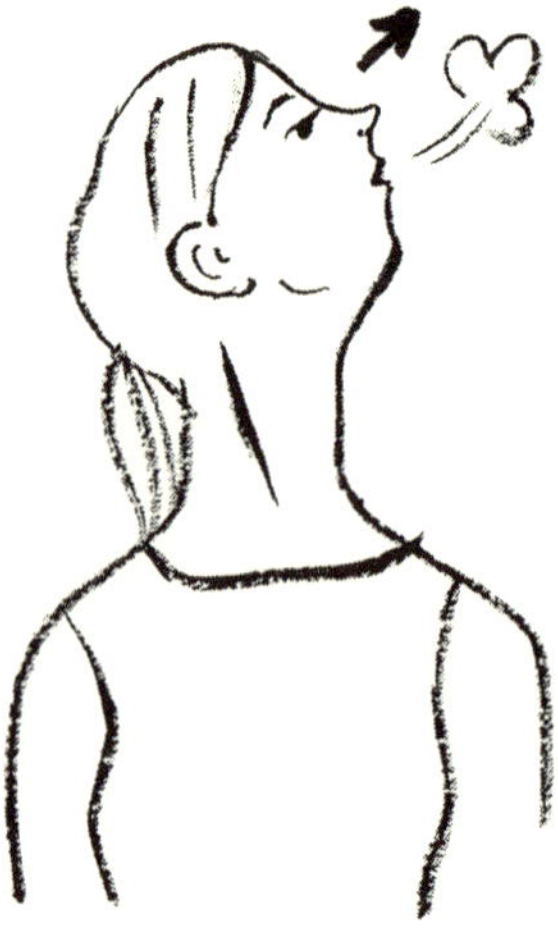

頬のエクササイズ

「クシャッ」と「パーッ」

目も口も閉じて顔全体を軽くクシャッと縮めます。次に顔全体をパーッとひらいて、笑顔になりましょう。

割り箸をくわえる

歯で割り箸をくわえて、口角を上げる笑顔の練習をしましょう。

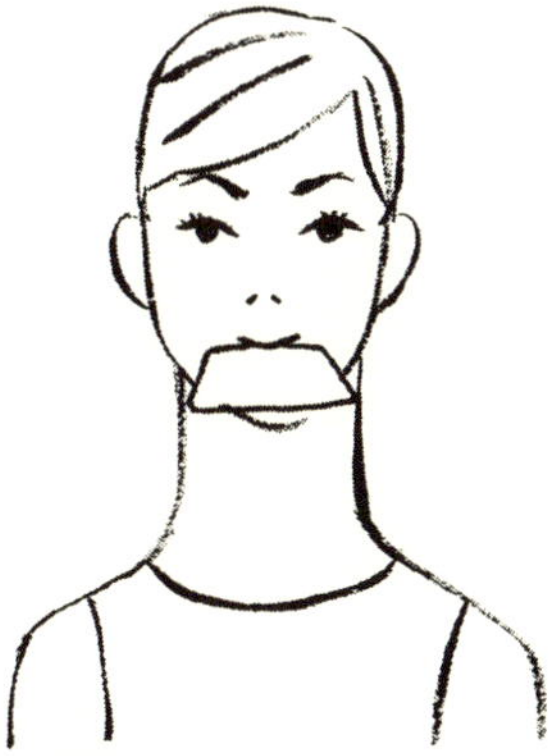

名刺をくわえる

唇だけで名刺をくわえます。落とさないように気をつけながら、10数えます。名刺がなければ、適当な大きさに折った紙を使って。

頬の筋肉を上げると、顔全体が若々しく、さわやかな表情になります。

目のエクササイズ

近くと遠く

目の近くに指を立て、窓の外の木と交互に見つめます。近くと遠くに目のレンズの焦点をうまく合わせましょう。

目のリレー

両手の人差し指を顔の前で立てます。左手の指を左から真ん中へ移動させ、目の前で右手にバトンタッチ。今度は右手の指を真ん中から右へ移動させます。

これと同時に、左目、右目を片方ずつ動かします。目もうまくバトンタッチできますか？

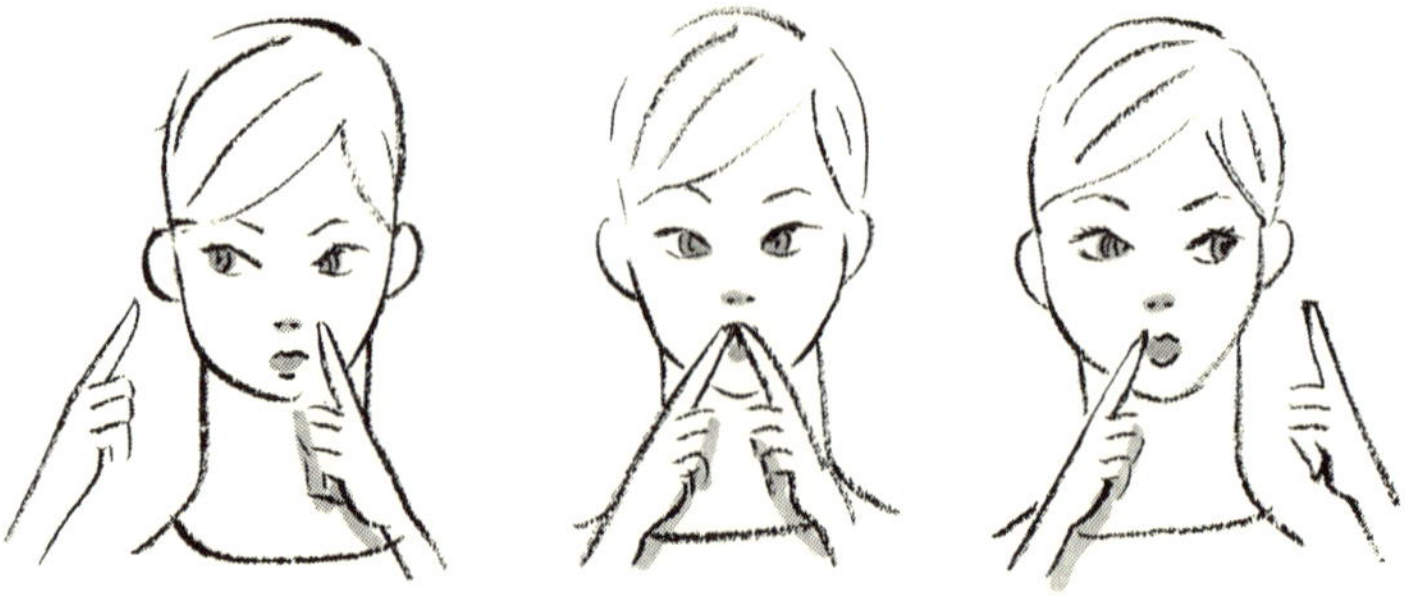

山岡式エクササイズとは？

私のフィットネスのルーツは九歳から習ったバレエ、のちに夢中になって学んだモダンダンスです。80年代にはエアロビクスを学び普及につとめ、その後もヨガやピラティス、アレクサンダー・テクニック、ジャイロトニック（回施・回転系運動）など、さまざまな身体のコンディショニングを学んできました。

その結果、私が感じたのは、こうでなければならないということはないということです。西洋の文化、東洋の文化、どちらにも良さがあります。古いもの、新しいもの、動的なもの、静的なもの、すべてに共通することがあります。たとえば、ピラティスではコアをひじょうに重視しますが、これはヨガをはじめ、中国や日本で古くから言われている「丹田」と同じことを指していると考えていいと思います。

結局、プロセスに違いはあっても、めざすものは皆同じ。すなわち、心と身体の調和、健康なのだと気がつきました。ですから私のエクササイズは、ピラティスのメソッドだけではないし、ヨガだけでもない。これまで学んできた古今東西のさまざまなメソッドが自然と融合、統合されたものなのです。枠にとらわれることなく、いいものはいいと感じ、それを学び吸収することが大切だと思っています。

目を閉じて〈準備〉

仰向けに寝て、目を閉じます。体重を床にあずけ、重力から解放されます。息を吸いながら身体がひろがり、吐きながら余分な力が床に抜けていくような気持ちで。リラックスしながら呼吸に意識を集中しましょう。

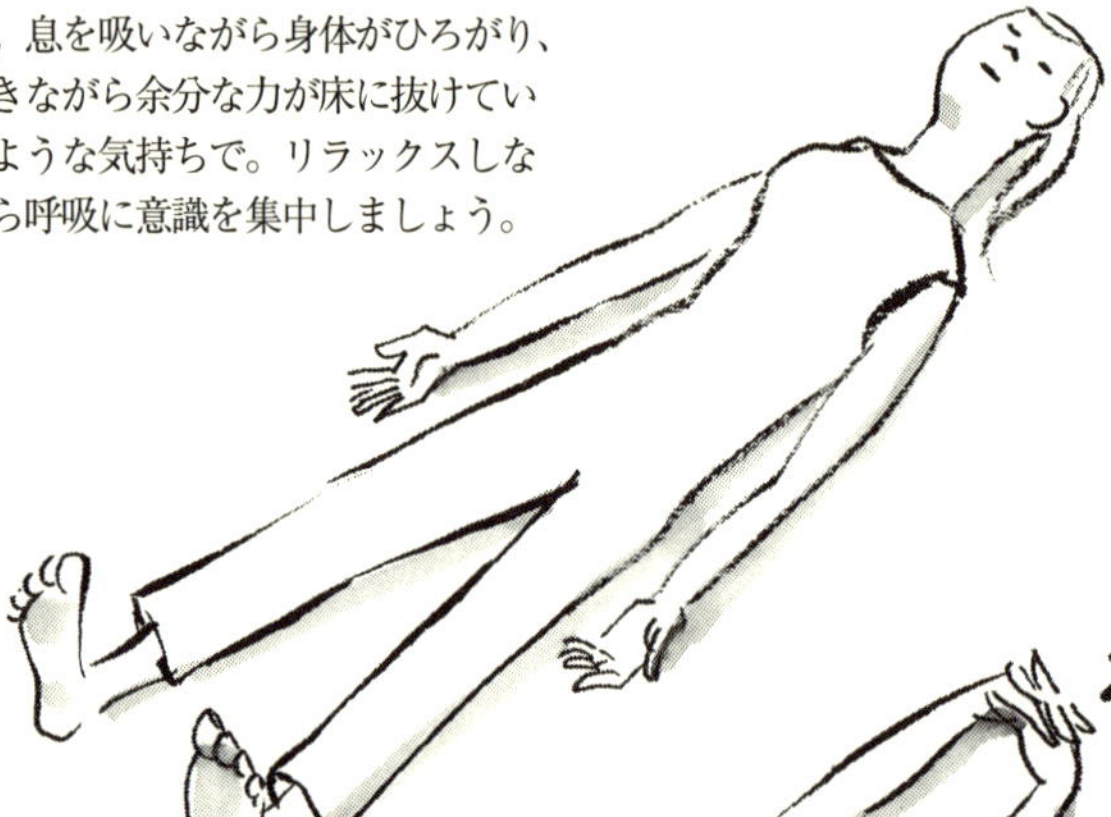

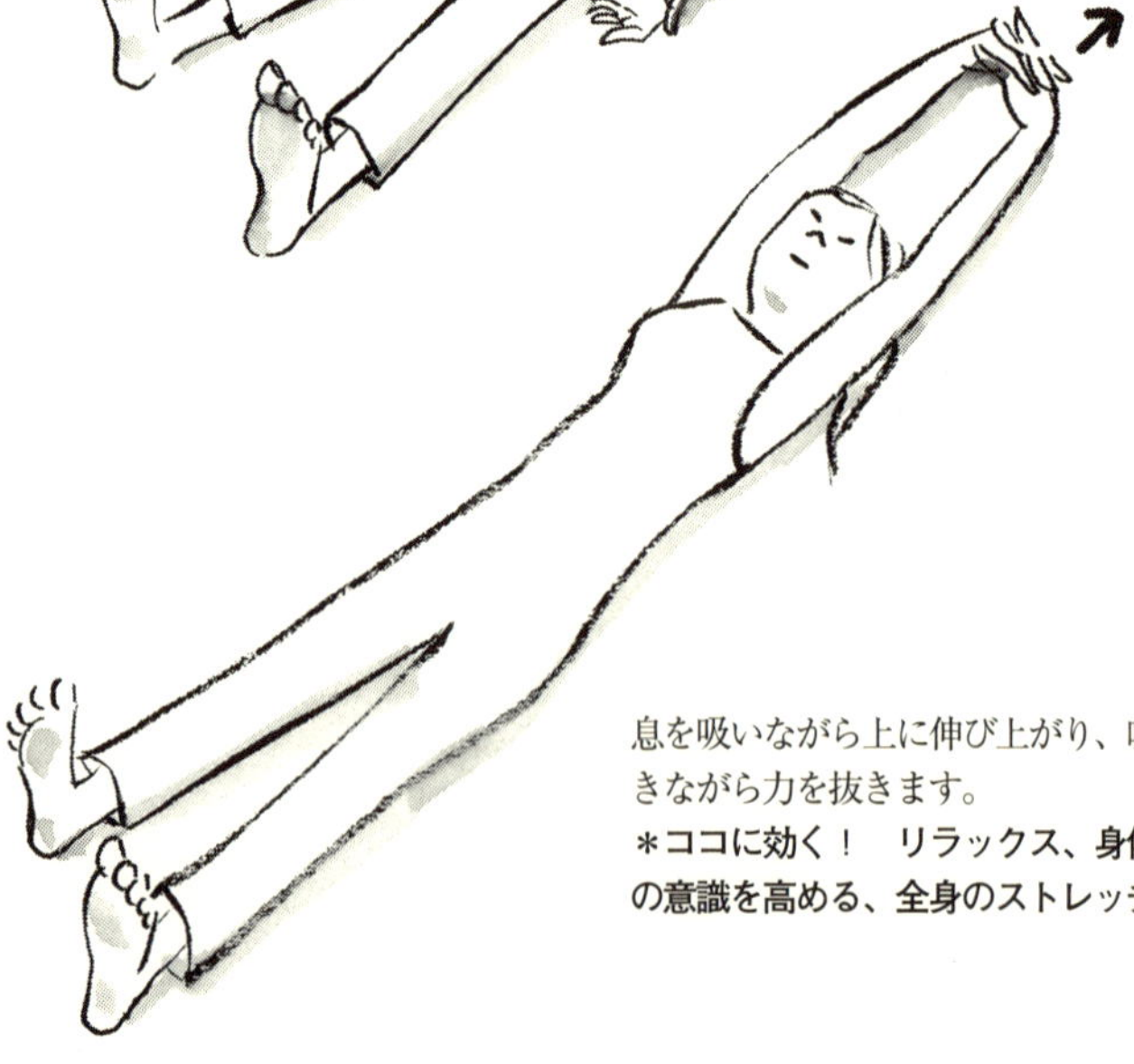

息を吸いながら上に伸び上がり、吐きながら力を抜きます。

＊ココに効く！　リラックス、身体の意識を高める、全身のストレッチ

アームサークル

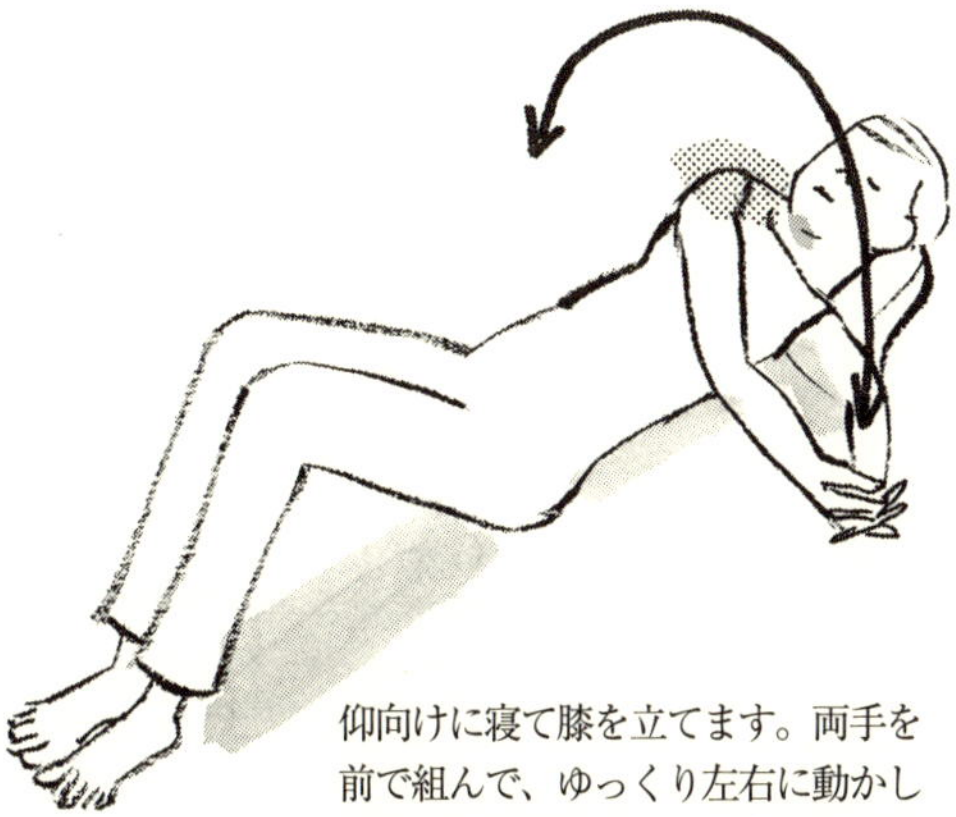

仰向けに寝て膝を立てます。両手を前で組んで、ゆっくり左右に動かします。次に上、右、下、左と円を描き、時計の針のように、ゆっくりと大きく回します。逆回転も同様に。

＊ココに効く！
肩の可動域を広げる

上体起こし

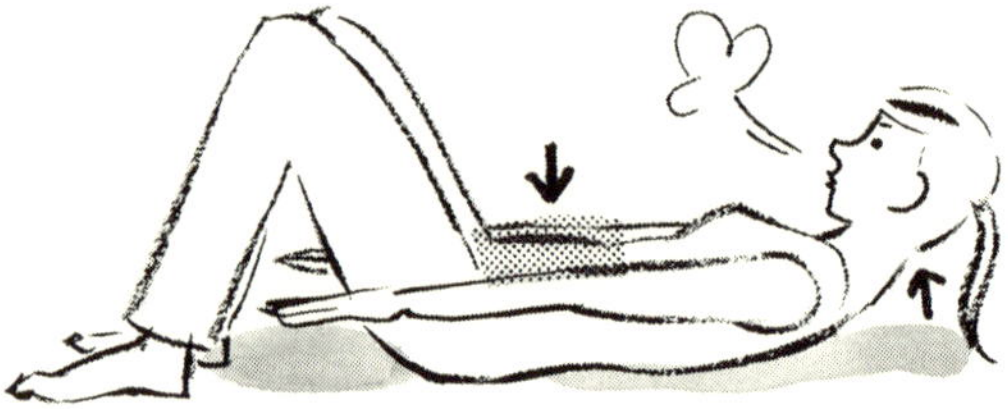

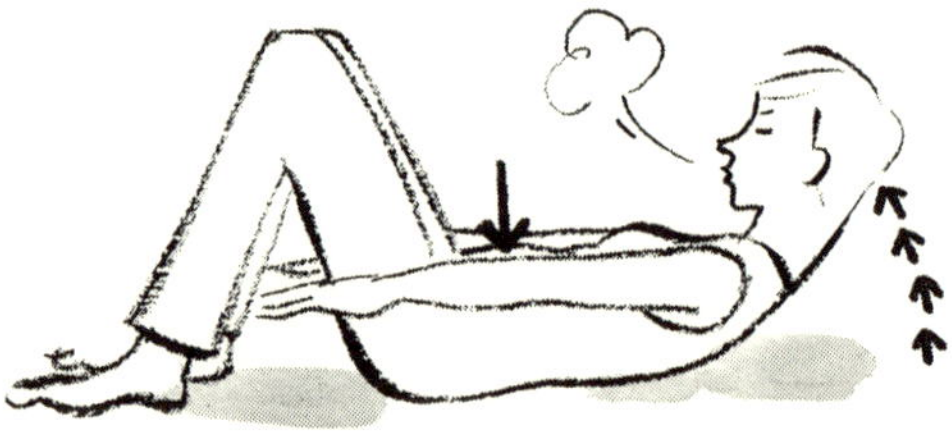

①いっ
たん息を吸います。吐きながら、手は前に伸ばして肩甲骨が浮くくらいまで、おへそを見るようにして上体を起こし、10数えます。
②息を吸いながら元にもどし、もう一度上体を起こして10数えます。そこからもう１センチ起き上がって、さらに10数えます。

＊ココに効く！　いったん起こしたところから、さらにもう少し起き上がると、お腹の引き締めに効果抜群です

股関節と腰ほぐし〈ツイスト〉

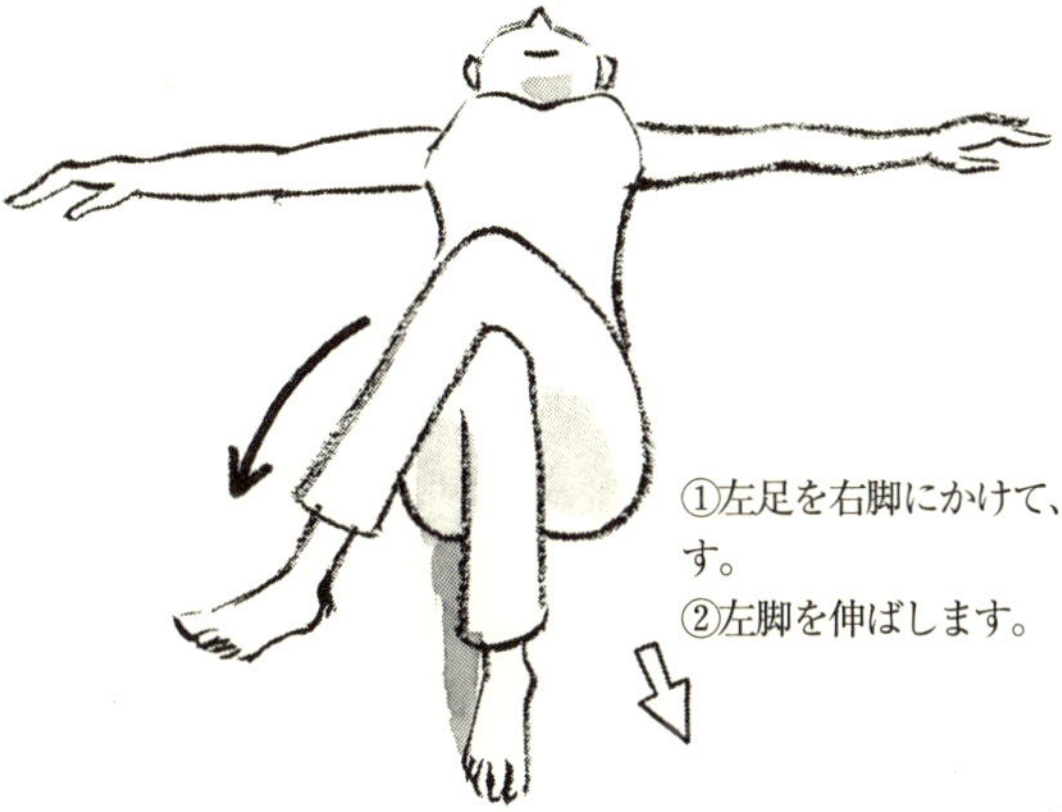

①左足を右脚にかけて、右に倒します。
②左脚を伸ばします。

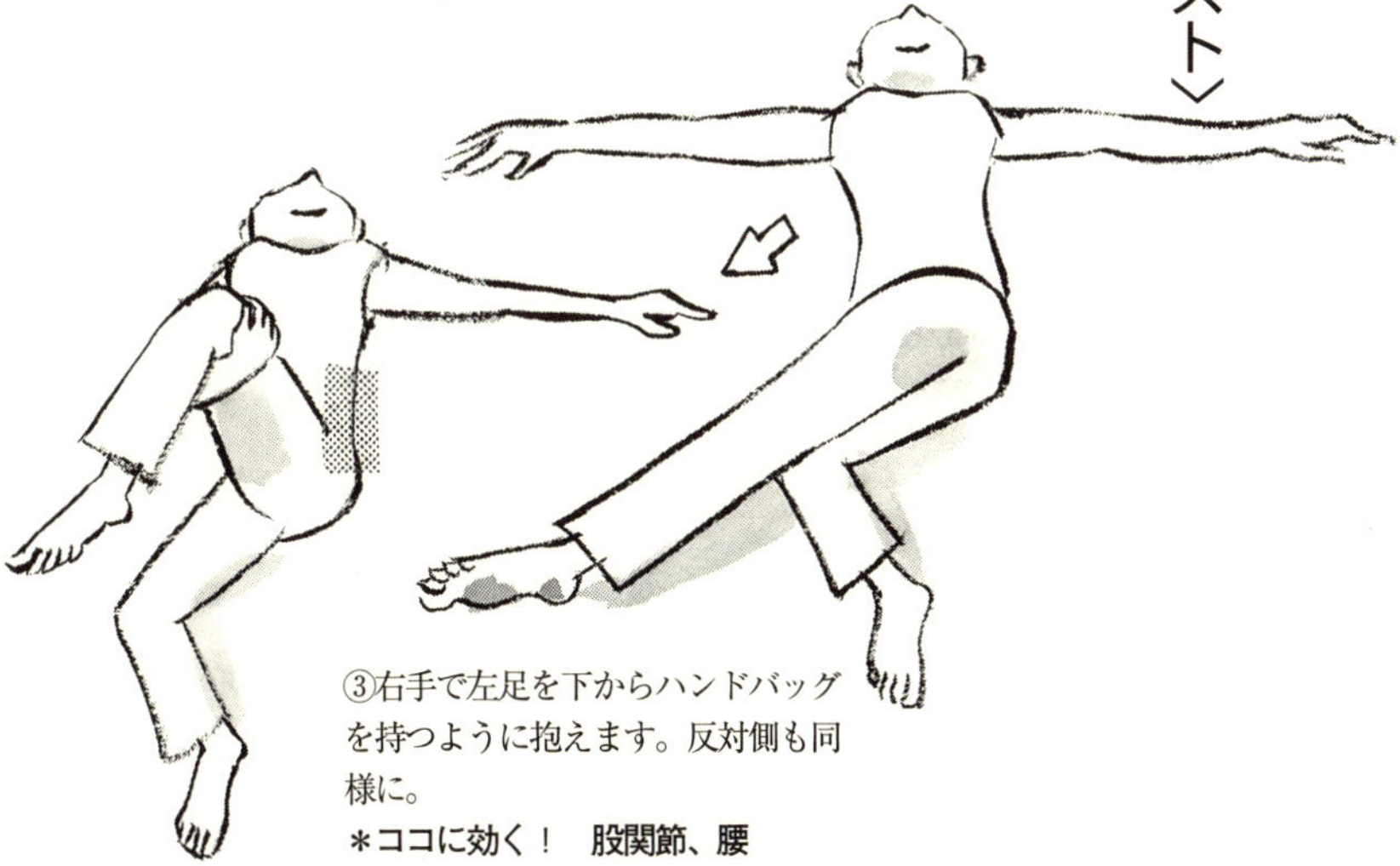

③右手で左足を下からハンドバッグを持つように抱えます。反対側も同様に。
＊ココに効く！　股関節、腰

L字ストレッチ

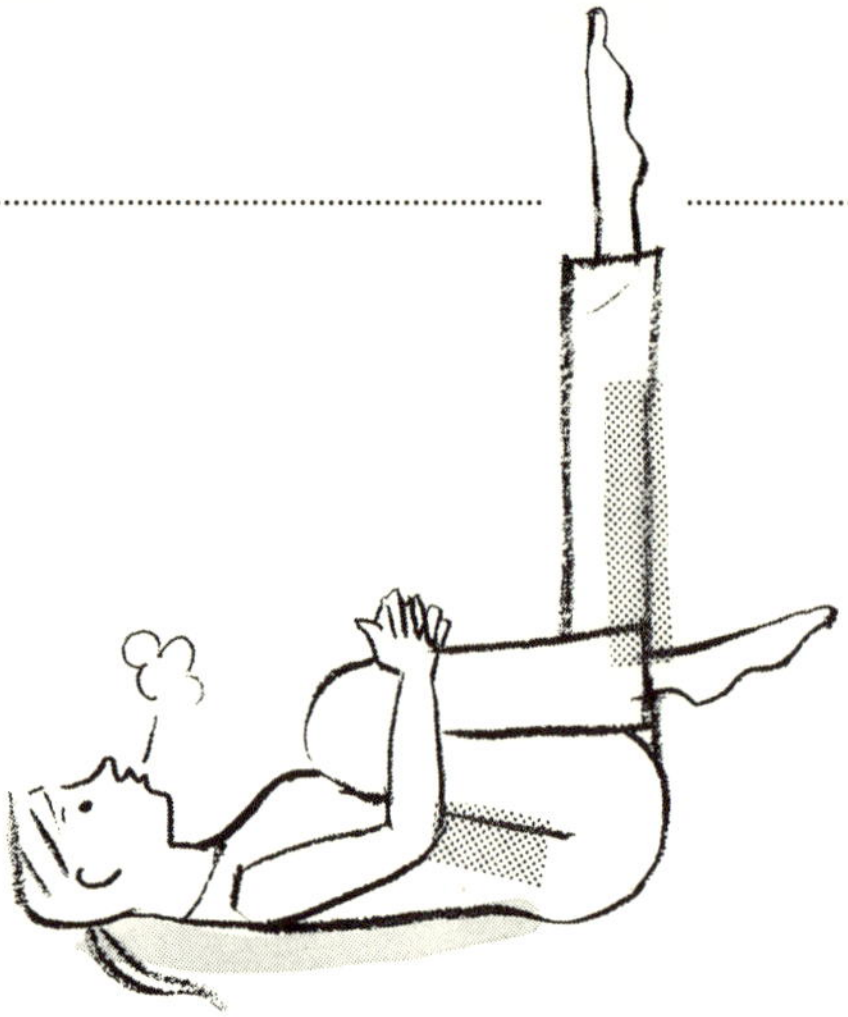

①息を吸って両脚を両手で抱え、息を吐きながら片方の足を上に伸ばします。つま先まで意識を向けて伸ばしましょう。お尻は上げないように注意。反対側も同様に。
＊ココに効く！　お腹、脚のストレッチ

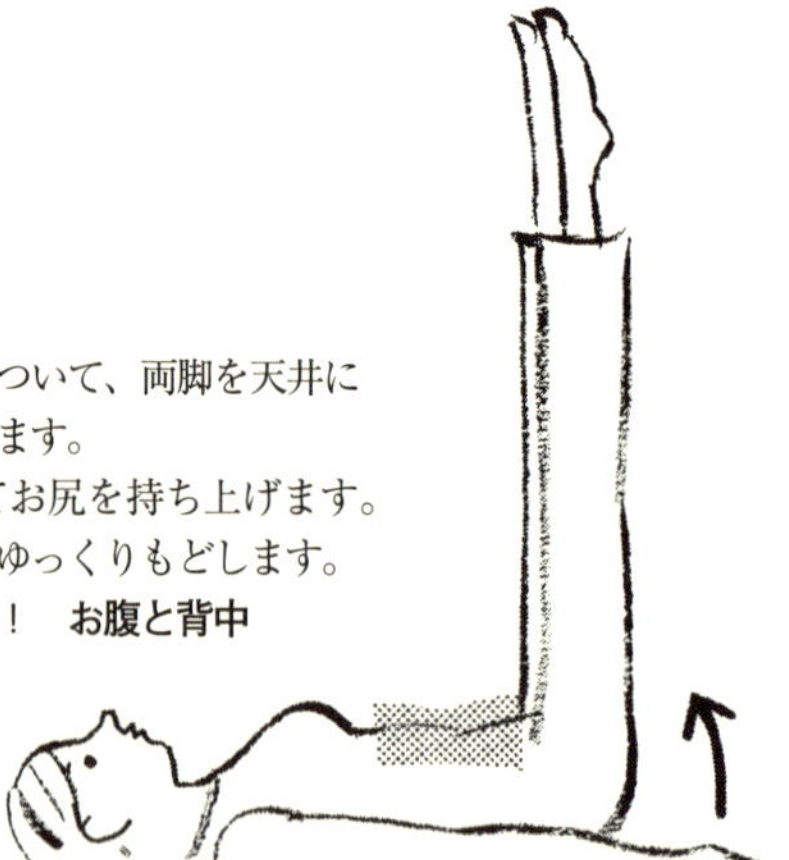

②両手を床について、両脚を天井に向けて伸ばします。
③息を吸ってお尻を持ち上げます。吐きながら、ゆっくりもどします。
＊ココに効く！　お腹と背中

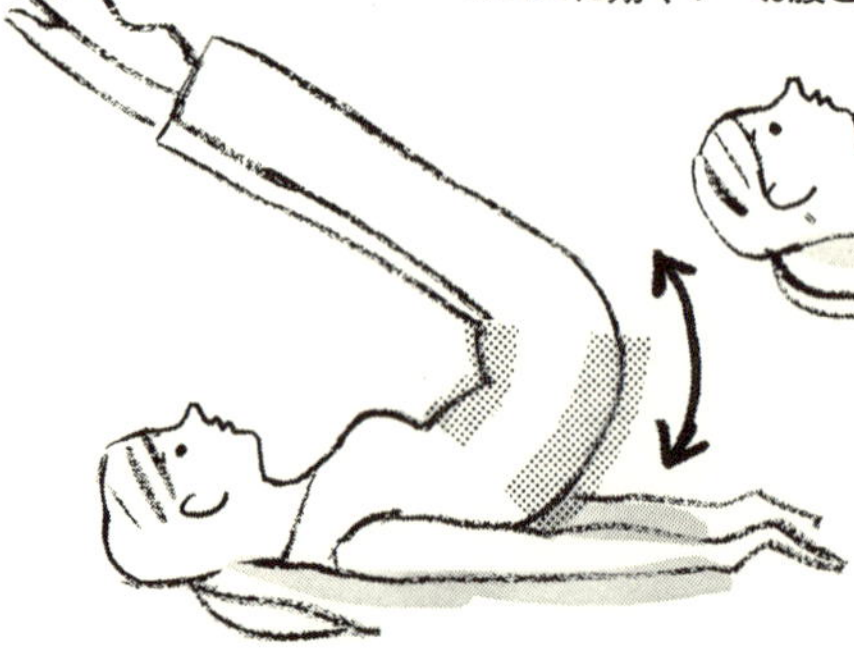

Zのポーズ

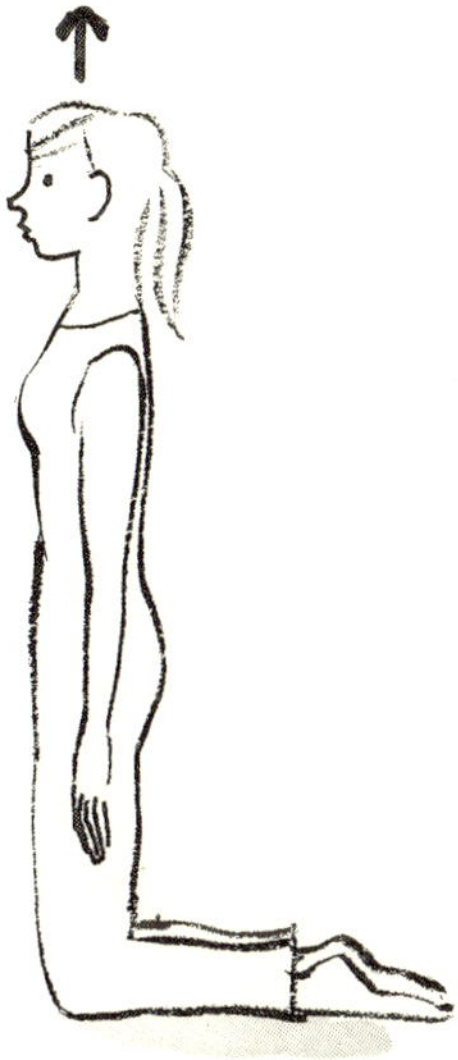

①足を腰幅に開いて、膝を立て、お尻を突き出さずにまっすぐ立ちます。
②両腕を前にまっすぐ伸ばし、背筋を伸ばしたまま、上体を後ろに倒します。横から見ると、Zの字のように見えます。くずれてしまわないところで、10数えましょう。
＊ココに効く！　お腹と背中

横のバランス

①膝を立てて、お尻をつき出さないように片脚を横に出し、両手を横に伸ばしてバランスをとります。
②脚を出した反対側の手を床について、もう一方の手を伸ばします。
③伸ばした脚を床から浮かせて、バランスをとりましょう。
＊ココに効く！　脇、身体の安定

スーパーマン

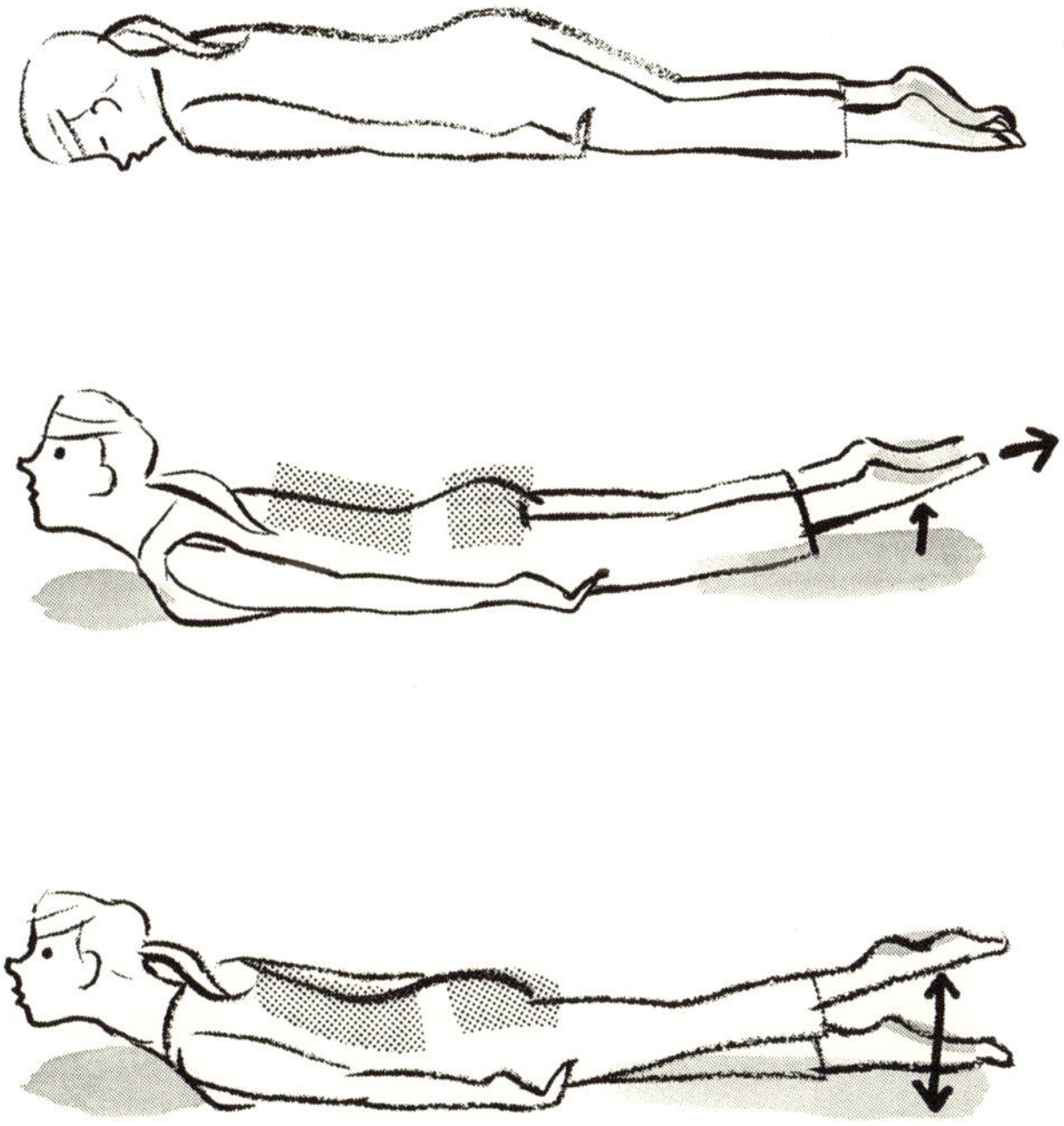

①うつぶせになり、両腕を下げ、手のひらを上に向けます。
両腕と上体を起こします。

②両手両足を、遠くへ伸ばすようにして床から浮かせます。
③できる人は両足を交互にバタバタさせます。

＊ココに効く！　背中、お尻

猫、犬、赤ちゃんのポーズ

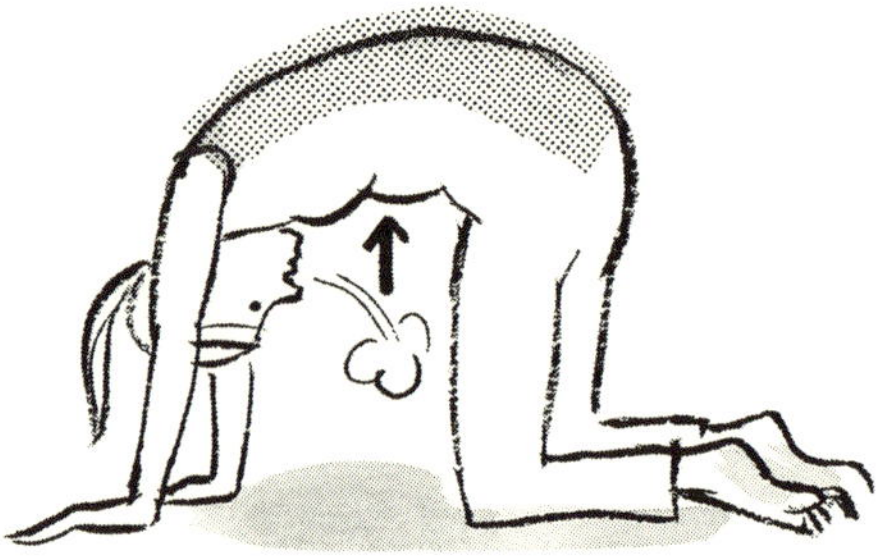

①肩の下に腕、腰の下に脚がくるように四つんばいになり、腕は肩幅、脚は坐骨の幅に開きます。
息を吐きながら、頭を腕の間に入れて、床を押すように背骨を上げます。
猫が丸く伸びをするイメージで背骨を伸ばしましょう。

②今度は胸とお尻を突き出すように、背骨の前側、お腹側を伸ばします。
猫が身体をそらせて伸びをしています。

犬が伸びをする様子をイメージして、
お尻を頂点とした山形をつくります。
息を吐きながら、かかとをつけ、膝
を伸ばしましょう。

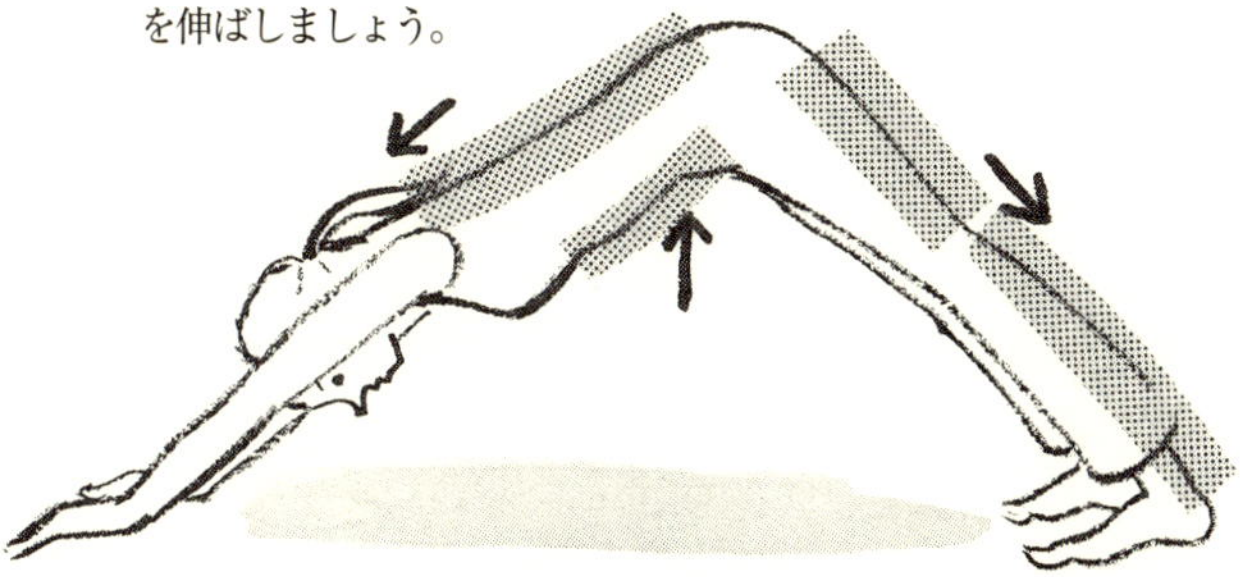

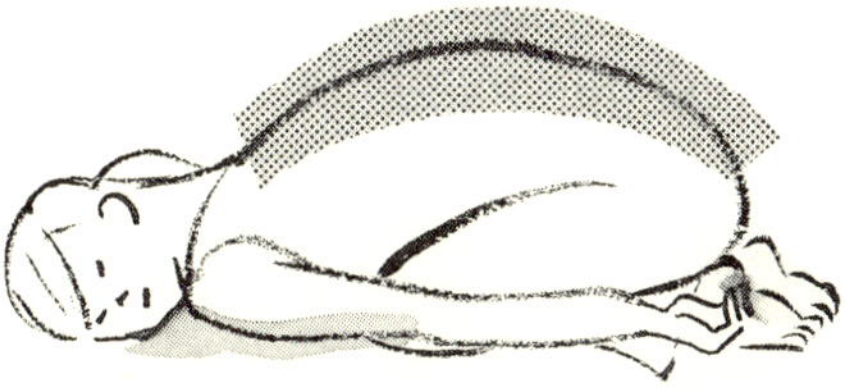

最後は赤ちゃんのように丸まってリ
ラックスします。
**＊ココに効く！　背骨のストレッチ、
リラックス**

おわりに　なによりも心身のバランスが大事

ピラティス、ヨガ、ダンスをベースに呼吸法を加えたエクササイズを、どのように生活に取り入れていけば効果的か、ご紹介してきました。

舞踊家の道を志し、モダン・ダンサーとして歩んでいた一九八〇年代、私はリカバリーの方法としてヨガを始め、健康や食ということにも関心をもつようになりました。ちょうどそのころアメリカに行く機会が多かったのですが、当時、アメリカでは健康志向が強く、新しい健康法＝エアロビクス（有酸素運動）が大ブームでした。ケネス・H・クーパー博士（米空軍医）が食事、運動、休養の三位一体のバランスが大切と提唱し、ニュートリションヨン（栄養学）という言葉も新しく生まれました。

エアロビクスは、体操とダンスを組み合わせるという画期的な運動法で、じつに新鮮でした。そのころ日本では、水を買って飲むなど思ってもみないことだったのですが、私は日本でも近い将来、健康志向が高まるだろう、そういう時代がきたら、楽しく気持ちのよい動きをすれば元気になることを伝えたい。そんな思いから、日本で初めてエアロビクス・インストラクターの養成にたずさわることになりました。

八〇年代後半からは、ピラティスやジャイロトニック（回施・回転系運動）をはじめ心身の調和をはかる、さまざまなボディワークの手法を学び、運動療法、ダンス療法など東洋と西洋のメソッドのエッセンスを融合させた、ホリスティック（全体的）な考え方にたどりつきました。身体の外側をきたえるだけでなく、外からのストレスや病気を防ぐ「自己免疫力」を高めることにつながるエクササイズ、心身のバランスを重視したエクササイズを目指そうと思いました。面はゆいのですが、これを「山岡式エクササイズ」と名づけてくださった方がありました。

どうぞこの「山岡式エクササイズ」を参考にしていただき、言葉だけでなく身体から発せられるメッセージを大事にして、いきいきと笑顔で過ごせますように。

最後になりましたが、惜しみなく御尽力くださった編集の雑賀節子さん、温かみのある絵を描いてくださった角口美絵さん、素敵な本に仕上げてくださった、デザイナーの藤村誠さん、一緒に身体を動かしながら、心温かく見守ってくださった草思社の増田敦子さんに心から感謝を込めてお礼申しあげます。ありがとうございました。

二〇〇五年七月

山岡有美

〈参考文献〉

・Edward T. Howley, B・Don Franks　深代泰子訳『Health/Fitness Instructor's Handbook』（社）日本エアロビックフィットネス協会
・チャールズ・V・W・ブルックス　伊東博訳『センサリー・アウェアネス』誠信書房
・宮下充正『年齢に応じた運動のすすめ　わかりやすい身体運動の科学』杏林書院
・宮下充正『トレーニングを科学する』日本放送出版協会
・ディア・スタンモア　内山陽彦訳『ピラティスをベースとした強くしなやかな身体をつくる本』産調出版
・小出清一『図解・機能解剖学』（社）日本エアロビックフィットネス協会
・山岡有美『40歳からきれいな身体をつくる』草思社
・山岡有美『10歳若く見える姿勢としぐさ』草思社
・サラ・バーカー　北山耕平訳『アレクサンダー式姿勢術』三天書房
・カレン・クリッピンガー・ロバートソン『キネシオロジーの理論と実践』（社）日本エアロビックフィットネス協会
・ウィリアム・バーロウ　伊東博訳『アレクサンダー・テクニーク』誠信書房
・アレグラ・ケント　羽田悦子訳『ダンサーズ・ダイエットブック』大修館書店
・モーシェ・フェルデンクライス　安井武訳『心をひらく体のレッスン』新潮社
・アレクサンダー・ローウェン／レスリー・ローウェン　石川中・野田雄三訳『バイオエナジェティックス　心身の健康体操』思索社
・Lynne Robinson, Gordon Thomson *Body Control Using Techniques Developed by Joseph H. Pilates*
・小澤治夫　西端泉『最新フィットネス基礎理論』（社）日本エアロビックフィットネス協会
・養老孟司『バカの壁』新潮新書
・坂村真民『詩集　念ずれば花ひらく』サンマーク出版
・竹内敏晴『ことばが劈《ひら》かれるとき』ちくま文庫

知らないうちにエクササイズ

✻✻✻✻✻

著者との申し合わせにより検印廃止

2005年8月30日　第1刷発行

著　者　山岡有美
装画者　角口美絵
装丁者　藤村　誠
発行者　木谷東男
発行所　株式会社 草思社
〒151-0051　東京都渋谷区千駄ヶ谷2-33-8
電　話　営業03(3470)6565　編集03(3470)6566
振　替　00170-9-23552
印刷・製本　中央精版印刷株式会社
ISBN4-7942-1435-9
Printed in Japan